Foto: © Isabella Bernstein

ISABELLA BERNSTEIN, 1947 in Hamburg geboren und aufgewachsen, ist eine Autorin mit vielen Persönlichkeiten. Sie lebte lange als Drehbuchautorin, Designerin und Journalistin in New York und Los Angeles. Noch lieber als einen interessanten Mann zu finden, würde sie gerne in einer Rockband singen und witzige Kleidung für schicke Graufüchse entwerfen.

E-Mail: *bella.bernstein@web.de*

Isabella Bernstein

Sexy Sixty

Liebe kennt kein Alter

WILHELM HEYNE VERLAG
MÜNCHEN

Verlagsgruppe Random House FSC-DEU-0100
Das für dieses Buch verwendete
FSC-zertifizierte Papier *Holmen Book Cream*
liefert Holmen Paper, Hallstavik, Schweden.

Originalausgabe 02/2010

Copyright © 2010 by Wilhelm Heyne Verlag, München,
in der Verlagsgruppe Random House GmbH
Redaktion: Claudia Krader
Umschlaggestaltung: Nele Schütz Design, München
Coverfoto: © Isabella Bernstein
Satz: C. Schaber Datentechnik, Wels
Druck und Bindung: GGP Media GmbH, Pößneck
Printed in Germany 2010

ISBN: 978-3-453-64524-0

www.heyne.de

Inhalt

Ich will nicht

Ich brauche mehr Liebe in meinem Leben. Jetzt sofort! Ja klar, wer nicht? Die Sache hat nur einen Haken. Ich bin Single und über sechzig, also jenseits der Altersgruppe, die so ganz selbstverständlich neue Liebe und Abenteuer einfordern kann. Vielleicht ist es aber auch eine torschlusspanikartige Sehnsucht nach Sex, Lust und Leidenschaft, bevor es wirklich zu spät ist?

Obwohl, die Idee, dass man in jedem Alter immer und überall Liebe und Sex finden wird, solange man lebt, stirbt nur langsam, wenn überhaupt. Man hat die Sehnsucht danach angeblich, bis man kopfwackelnd im Rollstuhl sitzt und seine Schnabeltasse kaum mehr halten kann. Begehren und Begehrtwerden sind ja auch zwei sehr wichtige und vitale Elemente im Leben. Man sollte sie nicht verdrängen, verstecken oder gar aufgeben, denn an ihnen hängen auch Lebensfreude, Kreativität und Selbstbewusstsein.

Weiß ich doch. Trotzdem habe ich mir mit ziemlicher Zufriedenheit ein unabhängiges Leben als Single eingerichtet, lebe seit zehn Jahren allein und habe von Männern in den letzten vier Jahren etwas Abstand genommen. Warum? Weil ich nach den letzten romantisch-sexuellen Erlebnissen keinen Mann faszinierend und passend genug für mich fand, um das Singledasein aufzugeben.

Außerdem fange ich an zu glauben, dass wir in unserem Leben nur eine bestimmte Anzahl von wichtigen Lieben und Beziehungen zur Verfügung haben, die irgendwann aufgebraucht sind. Was wir mit ihnen machen, wie wir sie einsetzen, liegt an uns. Meine sind vielleicht aufgebraucht.

Die gewisse Tragik liegt nun aber darin, dass wir vor allem in jungen Jahren nicht unbedingt besonders klug mit Liebe und Männern umgehen. Und in dem Moment, in dem endlich die Souveränität und die Gelassenheit über die einst impulsiven und chaotischen Entscheidungen – von schädlichen ganz zu schweigen – im Liebesleben gesiegt haben und man wunderbar eine gute Beziehung haben könnte, ist weit und breit kein Mann zu sehen, mit dem man das ausprobieren könnte. Eine Ironie, die manchmal sehr schmerzt.

So jedenfalls fühle ich mich in den letzten Jahren. Gehindert am Glück und an einer wunderbaren Beziehung. Wenn man das Schicksal als schwarzen Peter im Liebesglücksspiel ansieht, kann man natürlich eigene Verantwortung für die Gestaltung seines Liebeslebens abwenden. Vielleicht kommt aber alles da her, dass ich mit den Worten meiner Freundin Sarah »schwer vermarktbar« bin – zu eigen, zu schwierig, zu anspruchsvoll. Der alte Klassiker. Betonung auf »alt«.

Aber noch ist nicht alles verloren.

»Du hast Glück, dass du in diesen Zeiten lebst«, versichern mir die Freundinnen, denn die haben sich mächtig geändert, während ich noch bei Vernissagen und Partys, in Museen, Cafés, Kaufhäusern und Supermärkten nach dem besonderen Blick suche, der flammendes Begehren nach meiner einmaligen, faszinierenden Person verspricht.

Online-Dating lautet das Zauberwort, und sie empfehlen es alle – jung und alt. Ich las in diesem Zusammenhang etwas sehr Interessantes: Arbeitslosigkeit und düstere Wirtschaftsprognosen sind gut fürs Liebesleben. Das Interesse am Online-Dating ist zum Beispiel in Amerika im letzten halben Jahr um vierzig Prozent gestiegen. Es gibt sicherlich für Deutschland ähnliche Zahlen.

Nach meiner Meinung hat das zwei Gründe: Die Leute haben mehr Zeit, um sich durch die zahlreichen Dating-Websites zu arbeiten. Und in schlechten Zeiten steigt das Bedürfnis nach mehr Intimität und Sex. Dazu kommt, dass einfach mehr Menschen aller Altersgruppen wagen, nach einem Partner zu suchen.

Aber ich will nicht.

Ich wehre mich, ich sträube mich, ich habe mehr Ausreden als ein Politiker. Bin ich altmodisch, zickig, prüde? Gar nicht. Ich kann Männer inzwischen wunderbar ansprechen, wenn ich will. Und ich wollte schon oft und habe es auch getan. Ich will nicht virtuell entdeckt werden. Und ich will mich nicht so eindeutig und zielgerichtet anbieten.

Annäherung ans Online-Dating

»Probiere verdammt noch mal Online-Dating«, wettert Freundin Sarah wieder, als ich ihr genervt von einem sehr attraktiven Mann erzähle, der mir zwar seine Visitenkarte bei einer Galerieeröffnung aufgezwängt, aber meine wirklich nette kurze E-Mail nicht beantwortet hatte.

»Ich könnte, wenn ich wollte«, sage ich trotzig.

Ich bin smart, sexy und modern und jugendlich alt. Ich bin »dafür-sehen-Sie-aber-noch-gut-aus«-alt, wie es ja immer unverschämt heißt.

»Ja, und über sechzig«, fügt Sarah vielleicht korrekt, aber wie ich finde sehr unpassend hinzu.

Ich werde immer gut zehn Jahre jünger geschätzt. Keine Seltenheit bei den älteren Frauen heute, deshalb haben wir alle Chancen auf dem Singlemarkt. Es gibt alleinstehende Männer in meinem Alter wie Sand am Meer, und wenn sie nicht alle fünfunddreißigjährige Sexsirenen suchen, die den Herren den verbleibenden Lebensabend aufhellen sollen, dann könnte ich allemal ein heißes Ticket sein.

Oder wird die Illusion der eigenen immerwährenden Attraktivität von »seinem« uninteressierten Blick zerfetzt werden? Quatsch.

Nach Wochen eiserner Resistenz bin ich weich geklopft.

»Es ist ein Spielplatz, ein wundersames lustiges Fantasieland«, findet meine junge Freundin Toni und ist begeistert von der Idee, dass ich das probieren will. Ganz davon abgesehen, dass sie es seit einiger Zeit selbst macht – nur so.

»Was, du suchst Männer online?«, frage ich die hübsche, kluge, junge Frau.

»Siehste!«, triumphiert mein nach Bestätigung jieperndes Ich, »also nicht nur ich. Auch junge Frauen haben das nötig!«

Wieso nötig? Was ist das für eine Denkweise? Ich stolpere scheinbar immer noch vor der selbst gezogenen Schamgrenze herum und kann nicht darüberklettern. Bin ich nicht aus der »Generation Rebellion«, die die »freie Liebe« miterfunden und vor allem gelebt hat? Aber wie für jedes Projekt brauche ich eine gewisse Vorbereitung, muss mit ein paar beherzten Griffen verstaubtes Gedankengut schütteln und mich geistig neu ausrichten. Bin ich dazu fähig?

»Und wenn die Dates nun alle anstrengend und tödlich langweilig sind?«, gebe ich zu bedenken.

»Dann gehst du«, sagt Sarah knapp.

Ich weiß nun wirklich, wie man Nein sagt und wie man flink verschwindet. Ich war mein Leben lang eine ziemlich gute Daterin, warum sollte mich mein Talent vollkommen verlassen haben?

»Und wenn er ein humpelnder Zwerg mit pferdebraun gefärbten, sorgfältig über die Glatze verteilten Strähnen, Freizeitjacke und Schnauz ist?«, greine ich. »Probier's!«, befiehlt Sarah.

Unter einer Bedingung. Natürlich werde ich die Last der Männerbegegnungen nicht allein tragen und rekrutiere die Freundinnen für mein »Liebesprojekt« – allen voran Sarah und Karen, beide Ende fünfzig. Ich erwarte, dass sie ehrlich sind und immer mit sachlichen oder ironischen Sprüchen und Vorschlägen kommen.

Mit Sarah mache ich eine Ausnahme, denn verheiratete Freundinnen sind eigentlich keine große Hilfe, weil sie auf dem geschützten Eheplaneten leben. Ich finde allerdings im Rückblick, dass sie ein sehr ausgeprägtes Interesse an meinen Abenteuern hatte – warum wohl?

Da junge Frauen eine ganz andere Sichtweise haben und ich immer an den jüngeren Generationen interessiert bin, kommt auch Toni, ganze zweiunddreißig, manchmal zu Wort, denn mir scheint, als würde sie alles etwas cooler sehen. Und natürlich weniger zynisch als ich, was normal ist, wenn man erst zweimal verliebt war.

»Du hast nichts zu verlieren. Du bleibst du, gleichzeitig kannst du all die Gesichter und Figuren annehmen, die du willst, das ist doch lustig!«, beruhigt Toni mich.

Sie hat recht. Hier kommt die Chance, sich in allen sonst nicht wirklich nachprüfbaren Selbstdarstellungsversuchen zu profilieren, von denen ich jemals geträumt habe. Er ist ja da, nur einen Mausklick entfernt, der virtuelle Weichzeichner, der verschönt, verjüngt, selbst aus frustrierten Xanthippen »interessante, sehr weibliche und anschmiegsame Mittfünfzigerinnen« macht und aus knöchernen Hartz-IV-Meckerheinis »vermögende und attraktive Hausbesitzer«.

Hier kann ich lügen, hier kann ich sein! Das ist doch das Motto.

Jeder, der sich im Internet vorstellt, lügt über irgendetwas: Alter, Aussehen, Gewicht, BH-Größe, Penislänge, Beruf, Familienstand, Gewohnheiten und so weiter.

Und ich? Worüber will ich lügen? Ein bisschen über mein Motiv, meinen Namen, meinen Beruf und meine zweite Absicht, nämlich ein Buch zu schreiben.

Vielleicht aber hätte ich das gar nicht für mich behalten sollen. Vielleicht hätten sich dann *noch* mehr Männer um mich gerissen.

Sexy Sixty – jetzt komme ich

Ich gestehe es gern: Ich bin eine Frau mit einer bewegten sexuellen Vergangenheit und viel Erfahrung. Das bleibt nicht aus, wenn man in den Sechzigerjahren jung war und miniberockt vom vorgeschriebenen traditionellen Weg der langen treuen Ehe heruntergehüpft ist, Männer mag und Sex immer als Spaß und persönliche Ausdrucksform empfunden hat. Und ich bin sehr dankbar, dass ich sieben große echte Lieben und sehr viel mehr Flirts, Obsessionen, Affären und Abenteuer in meinem Leben haben konnte.

Ich spielte in meinen Dreißigern sicherlich ein wenig die *femme fatale*, jedenfalls sagten das ein paar Männer, denen ich angeblich grausam das Herz gebrochen hatte. (Was, ich?) Das tut mir leid, ist aber auch ein klein wenig schmeichelhaft. Wenn schon Herzeleid, dann bitte nicht mit mir als Opfer.

Ich bin natürlich auch selber ein gebranntes Kind, sah viele klassische Ehen – besonders die meiner Eltern – mit Papi als Boss und Mami als Sklavin, als ich aufwuchs. Da blieb es nicht aus, dass ich die Ehe immer als eine Art Falle gesehen habe, die ausgelegt wird, um Frauen von faszinierenden Entdeckungen und Lebensformen fernzuhalten. Und ich weiß auch, dass da etwas dran ist.

Ich zanke mich sowieso immer gern mit Männern, auch wenn ich sie liebe, und mir scheint es nicht möglich, zwei starke Individuen dazu zu kriegen, ohne Opfer und Verluste sehr, sehr lange gemeinsame Wege zu gehen. Also, ich bin keine leichtfüßige, problemlose Kandidatin für die Suche nach Liebe!

Mit diesen Bedenken stürze ich mich unter dem Internetnamen *SexySixty* und mit eindeutig grauem Haar auf dem Foto in den Dating-Dschungel voll mit Neugierigen und Suchenden, Draufgängern und Zweiflern, Spielern und Spannern, Romantikern und Zynikern, Lügnern und Lustmolchen. Kurz: ins Spiel mit dem Online-Dating.

Hallo Parship, hallo Friendscout24, hallo Elite, hallo Dating Café, here I come!

Im Reich der Fabulierkünste

Eigentlich gefällt mir die Idee, mich ein wenig neu zu erfinden, und ich schiebe meine penetrant ehrliche Seite weg, die sagt: »Ich lüge doch nicht über mich! Ich bin stolz auf mich! Selbstbewusste und eigenständige Frauen sind immer ehrlich. Weil sie es sich leisten können. Weil sie auch riskieren, abgelehnt zu werden.«

Ja, was schreibt man über sich? Wer bin ich und wer will ich sein? Es soll interessant sein, zivilisiert, humorvoll, nicht zu angeberisch.

Wobei, wie ich erstaunt feststelle, bei den Herren Sätze wie »Ein Tag, an dem nicht gelacht wurde, ist ein verlorener Tag« als Humor gelten. Sehr beliebt ist offenbar Interesse an Kultur, Kino, Sport, Oper und Strandspaziergängen sowie Reisen und »gutem« Essen.

Sex wird nicht wirklich erwähnt. Man darf zwar sagen, dass man sexy ist beziehungsweise sich so fühlt, aber sonst unterlässt man lieber schlüpfrige Formulierungen. Der Mann gesteht zwar manchmal, er schätze »offene Sexualität und Erotik« an seiner Partnerin, tut dann aber häufig so, als gäbe er sein Leben für den »Rausch zärtlicher Liebe«.

Männern ist es genauso wichtig wie Frauen, ihr Wertesystem zu vermitteln und in einer Kontaktanzeige endlich all die feinen Eigenschaften aufzuzählen, die die Ehefrau schnöde übersehen hat. Nichts schwieriger als das, denn: Wie vermittelt man Wertvorstellungen und beweist seine Menschenliebe? Vielleicht durch das Mitschicken einer Spendenkopie an *Brot für die Welt*?

Eigentlich geht es nur mit spielerischem Witz, vermengt mit ein paar echten Fakten. Ich bin nett, verlässlich, treu und anhänglich. Will ich nicht gerade im virtuellen Raum der Fantasie und Selbsterfindung ein paar ganz andere Eigenschaften vorstellen? Vielleicht solche, die ich bisher nicht aus den dunklen, schüchternen Tiefen an die Oberfläche kommen ließ?

Ich schneidere mir jedenfalls einen eher flippigen Text zurecht. Und ich merke, dass ich Fußangeln auslege und immer noch die große Testerin markiere, mich schwieriger gebe als ich bin, nach dem trotzigen Motto: »Wenn ihnen das nicht passt, dann eben nicht!« Dabei fängt man mit Speck Mäuse und mit Liebreiz Männer, als ob ich das nicht wüsste.

Ich oute mich als kunstinteressierte, weltoffene Frau mit Ansprüchen und wenig Toleranz für Aufreißer und Anpasser. Ich gebe zu, dass ich vernarrt in Tiere bin, Bob Dylan, Art déco und Weltfrieden liebe, dass Unbestechlichkeit, Ehrlichkeit, Loyalität, Witz und Mut mir viel bedeuten, hingegen Gewalt, Dummheit, Intoleranz, Vorurteile und Männer mit Zierbärten und gefärbten Haaren (man sieht's, meine Herren!) und paternalistischem Gehabe missfallen.

Ich lüge, dass mir Hirn mehr bedeute als Haare und Bizeps weniger als wertvolle Kamingespräche, bestätige aber, dass humorvolle, unabhängige, spontane, fantasievolle und zuverlässige Männer eine Chance hätten. Besonders, wenn sie sexy, schlank und schwerreich sind. (Milder Dating-Humor!)

Ich beschreibe mich als schlanke, elegante Grau-Blondine mit Stil, die eher in die Kategorie Beige-Boykottiererin fällt. Ich gestehe, dass Orte, an denen ich mich besonders wohlfühle, die Küche, das Bett und kosmopolitische Städte wie New York und Barcelona seien, und zwei Sachen, von denen ich mich nie trennen könnte, mein Freiheitsdrang und mein Lippenstift sind.

Allergisch würde ich auf politisch korrekte Ansichten, uncharmante, besserwisserische Menschen, jegliches Fehlen von Ironie und Distanzlosigkeit reagieren.

Die Frage, was mein Partner über mich wissen solle, beantworte ich mit: Gar nix, denn wie wir wissen, sind Frauen geheimnisvolle Wesen.

Ich verrate aber trotzdem, dass ich lediglich schwimmen, rudern, Volley- und Federball spielen kann, mir mit Yoga den Körper verbiege und gern spazieren gehe. Dass es selbst gemachtes Müsli zum Frühstück gibt, ich auf eine einsame Insel die Bibel (weil ich die noch nie gelesen habe) und die Beatles mitnähme, Rock 'n' Roll, Soul, Blues und Jazz meine liebste Musik seien und ich über praktisch alles lachen könne – bis auf den sogenannten deutschen Humor.

Alles in allem eine fabelhafte, attraktive Traumfrau mit viel Wahrheitsgehalt, meine ich.

Auf der Suche nach dem Ich

Sarah findet meine Formulierungen zu »überspitzt und eingebildet«, denn ihrer Meinung nach »beißt bei so einem anspruchsvollen Porträt vor Schreck keiner an«!

Toni meint, weniger sei mehr, sie vermutet, dass es letztendlich auch bei uns »reiferen« Damen recht oft nur um Sex geht. »Wozu also so viele Worte machen.«

Ich lasse den Text so, erst einmal testen, denke ich.

Mir gefällt der Name Isabella, ich finde, er passt zu mir und zu dem Fantasiegebilde, das Online-Dating ja auch ist. Mein angegebener Beruf ist einer, den ich tatsächlich einmal ausgeübt habe und den ich vermisse: Kleiderdesignerin.

Ich fühle mich so wie damals in New York, als ich dort ankam, niemanden kannte und die Chance und das große Vergnügen hatte, mich vollkommen neu darzustellen.

»Wer bin ich und wie viele?« ist ein so aktuelles (und ur-altes) Thema, dass kürzlich daraus ein Bestseller wurde.

Wir sind alle so vielschichtig und bestehen hauptsächlich aus Wünschen, Projektionen und Interpretationen durch die Augen anderer, dass es letztendlich keine objektive Wahrheit gibt. Die Wandelbarkeit – in der Fantasie, aber auch der Realität – ist erstaunlich, die Grenzen verwischen.

Ich bin in den letzten Jahren selbst sehr offen für eine revidierte Interpretation von »Wer bin ich? Was will ich?« geworden. Nachdem ich jahrelang gedacht hatte, ich hätte mein eigenes Daseinsrätsel gelöst, suche ich immer noch nach mir und höre nicht mehr auf andere.

Ich glaube, meine Generation hat die größte Zahl der an der Institution Ehe zweifelnden Frauen produziert. Was allen Generationen vor uns als unumgänglicher Lebensweg erschien – Mann, Kinder, Familie, Selbstaufgabe, also das Verschwinden des Ichs und der eigenen Entwicklung, war plötzlich ein rostiges, marodes Modell, das zwickte und zwackte.

Aber wie sollte das neue Modell aussehen? Wo und wer waren die Designer mit den neuen Entwürfen? Wir selber, das war doch klar. Dass wir nicht wirklich gut für diese riesige Aufgabe ausgestattet waren, war egal. Wir waren jung und voller Ungestüm. Neue Männer brauchte die Republik! Und sie waren da, theoretisch, und erschienen manchmal willig für die Experimente.

Doch als Resultat wurde das Liebes- und Eheleben komplizierter, hatte Ecken und Kanten, war Kampfplatz und Frusthölle – und endete in Scheidung. Und so ist es bis heute geblieben. Man steht so ein bisschen vor dem Scherbenhaufen seiner Jugendideen – ich auch –, halb lachend, halb weinend. Und weiß nicht, ob man nicht doch etwas kleben oder lieber den ganzen Rest fröhlich zerdeppern sollte, weil es sowieso viel zu spät ist für Reparaturarbeiten. Etwas harscher ausgedrückt: Viele der Frauen, die einen anderen Weg gewählt haben, ihren eigenen nämlich, haben nie wieder so richtig Anschluss an die bürgerlichen Ideale gefunden.

Es gibt keinen Weg zurück in die abgesicherte Welt, und so stehen viele ein bisschen im Niemandsland der Liebe. So eine bin ich.

Zwischen Lachen und Weinen

Wirkliche Inspirationen erhalte ich nicht von den suchenden Herren, denn im Internet ist der Dativ »dem Fabulieren ihr bester Freund«. Sehr viele der persönlich erstellten Porträts sind eine Quelle des nicht enden wollenden Lachens, das sofort in Händeringen um den Zustand der Sprache und Intelligenz des Volkes der Dichter und Denker umschlägt.

Tippfehler wie »eimsan« und »treusorgnend« sind noch das geringste Problem. Ein Friseur behauptet gar, ohne ihn und »die Welt würde einen Stylist vorenthalten«. *Jogibärle* hat Angst vor »Selbstbeschreibung, ohne dass sie ins Fettnäpfchen tritt«.

Auch philosophische Perlen wie von *bigshot13* sind keine Seltenheit: »Willst Du hin, wo Du nicht bist, schaue dort, wo Du nicht bist!« Oder dieser Kopfkratzer von *kaiser007*: »Genieße den Augenblick mit allem, was Dir dieser Moment geben kann, und mit allem, was Du diesen Moment geben kannst!«

Auch die Namensgebung ist nicht wirklich spannend. Warum heißen sie *typausmnet* und *rubioaleman, erator, ironman* und *schmusekater, liebe68, misterW* und *rentner50*?

Das Leben als Fotoalbum

»Ein Mann muss nicht immer schön sein«, heißt ein alter deutscher Schlager. Er ist es auch nicht, keine Bange. Lügen haben bekanntlich kurze Beine, und im Internet findet man den Beweis. Wortwörtlich.

Nichts regt das Schummeln mehr an als eine Selbstbeschreibung. Männer sind selten so groß, wie sie sein wollen, sondern im Schnitt einen Meter vierundsiebzig, aber ungemein eitel. Das weiß ich jetzt.

Da werden Jahre abgesäbelt, Figuren verdünnt – und Haare gefärbt wie verrückt, damit in der Rubrik Haarfarbe »schwarz« stehen kann.

Also, Nüchternheit bei der Betrachtung der Situation ist sehr zu empfehlen. Vielleicht hilft der Vergleich mit einer erfahrenen Köchin. Wie sieht es auf dem Markt aus? Welche Ware wird angeboten? Wie groß ist der Hunger? Am besten man ist flexibel, kreativ und nimmt, was man kriegen kann – auch leicht lädierte Ware –, und lässt sich dann für ein trotzdem schmackhaftes Gericht etwas aus seiner kulinarischen Trickkiste einfallen.

Denn es ist ja so: Frische niedliche Küken und junges Gemüse wird es nicht geben. (»Bist du ja auch nicht, Mensch«, höre ich Karen ausrufen.)

Ein schneller Überblick zeigt, dass es eher Trauriges aus dem Vorruhestand zu berichten gibt. Das Leben als Fotoalbum – »mein Leben in schlechten Fotos« – könnte man ganze Fotoserien überschreiben, die ich entdeckt habe.

Joviale Herren sitzen bei einem Glas Wein auf ihrer efeuumrankten Eigenheimterrasse oder lecken beim Ballermann 6 an einer Eistüte. *Hotte26* ist im Unterhemd und steht vor einem Duschvorhang. Wirklich! Und das ist nur einer der Schnappschüsse des Lebens. Sie stehen vor Spitzengardinen, Garagentüren und Aquarien, in weißen Strumpfsocken neben dem Fitnessgerät, oder sitzen auf der Vespa (nicht Harley!), auf dem Rennrad und am gemütlichen Kaffeetisch mit Topfkuchen.

Da gibt es die künstlerisch wertvollen Avantgardewerke mit dem halben Hundekopf unterm Kinn oder dem Telefonhörer, gern auch ein Pferdeohr an der Wange. Auch sehr schön und nicht einmal selten: Der abgeschnittene Frauenarm, der sich um die Schulter von *sunshineman* legt – wohl der seiner Ex-Ehefrau.

Gepflegtes Ambiente verleiht eine Gitarre an der Wand, ungezwungene Fröhlichkeit ein Sektglas zum Anprosten, auf dem Tisch Papierhütchen und Pappteller. Einer isst gerade Pizza an der Adria und hat die Sonnenbrille im gestuften und gesträhnten Haar, ein anderer sitzt mit Kapitänsmütze im holzgetäfelten Wohnzimmer. Einer versucht es mit Rastalocken und Perlen darin, wieder ein anderer kann sich nicht vom Piratenlook und dem kleinen Kopftuch trennen. Da sitzt ein kleiner Pudel auf dem Schoss eines gebräunten Glatzkopfes, und ein Cockerspaniel zieht an der Leine, die ein fröhlich winkender Gemütsmensch hält.

Alles in allem gibt es starke Ähnlichkeiten mit Horst Schlämmer oder Dieter Bohlen, sehr, sehr viele sehen aus wie Frank-Walter Steinmeier und Joschka Fischer, manche wie Biolek, viele wie Kerner oder Hannes Jaenicke, noch

24

mehr wie Plasberg und ganz, ganz viele wie der nette Pensionär von nebenan, der mit dem gleichaltrigen Hund (in Hundejahren natürlich!) und der hellen Weste mit den tausend Taschen.

Auch das Haar gibt Auskunft. Da gibt es viele graue Haare, keine Haare, braun oder schwarz gefärbte Haare, Rod-Stewart-Frisuren, weißgraue lange Haare mit und ohne Pferdeschwanz, den punkigen Jungslook mit abstehenden Gelspitzen, eine modische Form der alten Meckifrisur, die verzweifelte fransige Cäsarfrisur, und ja, den Star, den Klassiker – den »Überkämmer« für die Halbglatze.

Ich lasse mit einer kleinen Fotoshow meine Freundinnen wissen, dass nicht nur reine Lust und Entertainment auf mich warten, sondern harte Arbeit. Sarah antwortet auf ihre typische Art.

»Der *tollertyp67*, den du mir geschickt hast, der mit dem blitzenden Goldzahn, erinnert mich an meinen Onkel Rudi, Gott hab ihn selig. Nicht gerade der optische Knüller, aber vielleicht nimmt er ja Viagra!«

Danke, so weit sind wir noch nicht, liebe Ehefrau!

Unbestechliche Linse

Es gibt einfach Menschen, die nicht fotogen sind und auch nicht wissen, wie man geschickt posiert, sei fair, dachte ich, als ich wieder ein Gruselfoto von einem fürchterlich aussehenden *wolfie* kriegte, der auch noch mit mir chatten wollte.

Das Wort »chatten« allein ging mir inzwischen extrem auf die Nerven – und ich liebe die englische Sprache! Aber »reden« tut man ja nicht in dem Sinne, wenn man online ist, eher ist es ein »Tipp-Plappern«, und zwar ein ziemlich anstrengendes. Wobei ganz offensichtlich jegliche Art des Nachdenkens wegfallen muss, sonst ergeben sich diese seltsam versetzten Dialoge, bei denen die falschen Fragen mit den falschen Antworten auf dem Computer stehen und man sich kopfschüttelnd fragt, ob denn Flinkheit immer nur gut ist.

Normales Reden wäre da einfacher.

Allerdings, auch wenn ich den alten Zeiten des Papiers und der Liebesbriefe mit Lippenabdrücken nachtrauere, finde ich interessant, wie sich unsere Wortwahl und die Persönlichkeit ändern, wenn wir im schnellen Dialog stehen. Allerdings kann man unverblümter und ironisch sein.

Ein Taucher aus Österreich ohne Foto fragte zum Beispiel, ob ich an einer Affäre interessiert sei.

Ich antwortete: »Ohne Foto bestimmt nicht.«

Dann mailte er mir: »Ich sehe gut aus, natürlich, oder findest du etwa nicht?«

Er schickte mir ein Bild von einem Klops am Pool, und ich antwortete: »Nein danke, du bist nicht schön genug. Ich hoffe, du hast bisher nicht zu viele Fische verscheucht.«

Das hätte ich nicht unbedingt jemandem ins Gesicht gesagt.

Was mir einen sehr großen Schock versetzte, war dann mein Experiment mit dem Chatten mit Kamera. Ich hatte bisher keine Webcam an meinem Computer und fand eine solche Einrichtung auch zu dicht dran, ohne wirklich intim zu sein.

Mir gefällt es besser, Kontrolle über mein Foto zu haben und nur die besten, eigens von mir ausgewählten Bilder unter die Menschheit zu verteilen.

Ja, und dann kriegte ich mein neues Notebook, das eine integrierte kleine Kamera hat, mit der auch ich mein chattendes Selbst auf den großen Unbekannten loslassen konnte.

Ich saß frühmorgens im Bett und wollte die Kamera erst einmal ausprobieren, eine ausgezeichnete Idee, wie ich ziemlich schnell feststellte. Denn da war ich, ein mit Lippenstift, ohne den ich mich nackt fühle, und Wimperntusche verziert sehr vorzeigbares Wesen, als Schreckgespenst mit faltigem Hals und irgendwie nicht so frischen Zügen, was allerdings auch an der Kopfstellung liegt, wenn man einen Laptop auf den Schenkeln hat.

Nun gut, warum nicht brutal ehrlich sein: Ich fand mich erschreckend hässlich.

Ich schaltete die Kamera sofort aus, als hätte mir der schwatzhafte Spiegel aus Schneewittchen ungefragt mein ungeschminktes Bild um die Ohren geschlagen, und schwor mir, sie nie wieder auch nur zum Spaß anzustellen – es sei denn, ich war nett zurechtgemacht und hatte vorher den Raum ein wenig schmeichelnd ausgeleuchtet.

Mich hatte die exhibitionistische Welt des Chattens mit Kamera jedenfalls verloren.

Ohne Scham und falsche Scheu

Trotzdem: Es ist erstaunlich und sehr positiv, dass sich auch reife, ältere, alte, nicht mehr junge Leute – oder wie auch immer man die Gruppe der Sechzig-plus-Mitmenschen politisch korrekt nennen darf – in die Dating-Szene eingemischt haben.

Virtuell und ohne Scham.

Was ganz früher im Familien- und Freundesrahmen abgehandelt wurde, nämlich das Verkuppeln, ist öffentlich gemacht worden und findet vierundzwanzig Stunden am Tag statt. Es gibt auch immer noch so etwas wie das klassische Eheanbahnungsinstitut. Das ist übrigens eines der schönsten längsten Wörter, mit dem man Ausländer, die unsere Wortketten fürchten und bewundern, so richtig erfreuen kann.

Der Begriff »Institut« soll der Sache einen wissenschaftlichen und seriösen Anstrich geben, und es stimmt ja auch, Heirat ist eine Wissenschaft für sich – eine nach wie vor unentdeckte.

»Kontaktbörse« wiederum, auch ein viel benutztes Wort, hört sich unverfänglich und geschäftsmäßig an. Man wird gehandelt wie eine wertvolle Aktie. Der Meistbietende gewinnt. Inzwischen sagt man auch »Singlebörse«, und die angebotenen Personen sind nicht wirklich ganz so wertvoll, wie gern getan wird, denn es gibt schrecklich viele davon.

Die gute Sache ist, dass man mehr Kontrolle über die ganze Angelegenheit hat als früher. Es ist wie bei einem Kaufvertrag. Da wird Ware angeboten, die man angucken und, wenn sie einem gut gefällt, zum Anprobieren bestellen kann, obwohl man nicht weiß, ob sie auch wirklich passt.

Also, die Katze sitzt zwar noch im Sack, guckt aber neugierig heraus und miaut.

Dass Frauen aktiv und öffentlich Männer suchen können, ohne sich lächerlich zu machen oder als Nutte abgestempelt zu werden, ist an sich schon eine Revolution.

Meine Mutter, die sich mit Ende fünfzig von meinem Vater trennte, blieb ab Mitte sechzig allein. Ein Jammer, denn sie war hübsch, herzlich und häuslich. Zwar ehegeschädigt, wie so viele Frauen ihrer Generation, die im Dasein als Ehefrau, Mutter und Haushaltssklavin ihre Bestimmung vermuteten, doch hätte ein charmanter, reicher Mann von Welt ihrem späteren Leben eine sehr willkommene neue Dimension gegeben.

Aber Frauen gaben in den Siebzigerjahren eher keine Anzeigen auf, wenn sie keine verzweifelten durchgeknallten Witwen aus der Kleinstadt waren. Es gehörte sich nicht, es war ein Ab- und Ausstieg aus der zivilisierten Welt der Frauen.

Nun sind wir alle schon seit einigen Jahrzehnten emanzipiert, deshalb muss jede Frau selber ihren Mann, ihr Sexleben, ihre Unterhaltung, ihren Lebenssinn und ihr Glück suchen. Auch die Frauen und Männer über sechzig. Oder besonders die.

Der Greis ist heiß

Es ist natürlich erstaunlich, was aus dem Thema Älterwerden heute geworden ist, wie locker und souverän, zumindest nach außen hin, man damit umgeht. Glaubt man den Babyboomern, der zahlenmäßig größten Generation überall in der westlichen Welt, dann wird die unmittelbare Nachkriegsgeneration überhaupt nicht alt! Ein Wunder? Nein, geschickte Öffentlichkeitsarbeit. Ganz einfach tolle neue Begriffe erfinden, die von den traurigen Fakten ablenken, dass wir bessere Tage gesehen haben. *Silver Surfer* statt Schlurf-Omi, *Best Agers* statt abgetakelte Alte. Und dazu haben Medien einfach die Sechzig als die neue Vierzig ausgerufen.

Der Greis ist heiß! Sie dürfen alle auch noch erotische Fantasien haben, denn das einstige Tabuthema »Sex mit sechzig« ist längst aufgebrochen worden. Ältere Menschen sind vitaler denn je, immer noch gierig auf Leben und Luxus und scheinbar auch auf Sex.

Wer einmal von Oswald Kolle gehört und gelernt hat, in den Siebzigerjahren sexuell aktiv war, der hat sein Sexleben so lieb gewonnen wie die »Trekkies« Mr. Spock und wird nicht mit fünfzig, sechzig oder siebzig die Bettdecke unters Kinn ziehen und die Knie fest zusammendrücken.

Ich erinnere mich an meine Großeltern, beide vor 1900 geboren, und wie alt sie schon mit fünfzig waren. Meine schlanke hübsche Großmutter hatte sich längst in ihr Matronenleben ergeben, als sie Anfang vierzig war. Mein Großvater, ein strenger Patriarch mit vollem weißem Haar und einigen Launen, wirkte nicht wie ein wilder Hengst, und meine Großmutter wurde niemals beobachtet, wie sie sich auf seinen Schoß setzte, ihn mal spontan drückte oder küsste. Ich habe sie nicht einmal Händchen halten gesehen. Niemals! Paare wirkten wie zwei Figuren, die man deshalb zusammengestellt hatte, weil man sonst nicht so recht wusste, was denn bitte einzelne Männer oder Frauen ohne den anderen tun sollten. Wenn man die viktorianischen Szenen einer properen Ehe mit den heutigen Forderungen nach persönlicher Liebeserfüllung mit allen Schikanen vergleicht – also, dann hat die sexuelle Revolution schon stattgefunden. Schade nur, dass die Galanterie mit ihr zum Teil draufgegangen ist. Ich vermisse manchmal so etwas ansprechend Altmodisches, wie zum Beispiel das Taschentuch fallen zu lassen. Was sowieso problematisch ist. Keiner hat mehr welche aus feinem Batist. Und alles, was von Frauen fallen gelassen wird – Tasche, Schlüssel, Sonnenbrille, Lipgloss, Handschuhe, Handy –, wird entweder geklaut, ignoriert, mit dem Fuß zur Seite geschoben oder mit einem burschikosen Schultertippen: »Sie habe da was fallen lassen« quittiert.

Bliebe nur noch die Möglichkeit, einen BH oder Tanga fallen zu lassen, aber das wäre zu sehr amerikanische Fünfzigerjahre-Komödie. Davon abgesehen, sind ja die öffentlichen Tangajahre mit sechzig vorbei.

Männer am Rande des Nerven-zusammenbruchs

Kaum habe ich mich ins Getümmel geworfen, kriege ich ziemlich viele Anfragen und Anmachen, was mich überrascht, und zwar von Männern zwischen sechsundzwanzig und fünfundsechzig. Ja! Das junge Volk ist eher leger: »Klasse Frau! Würd' Sie gern mal treffen!«, aber meine Generation legt richtig los.

Die Mails sind teilweise sehr charmant, freundlich und triefen vor Komplimenten.

»Stilvolle Lady, du siehst so aristokratisch aus, ich würde mich freuen, wenn du mir die Chance geben würdest, dich näher kennenzulernen«, meint *wirbeide67*, seines Zeichens Ingenieur aus Ingolstadt.

Ich wusste gar nicht, dass der deutsche Mann zu so was fähig ist, denn im täglichen Leben hört man das natürlich nicht alle Tage, und vermisst es eigentlich auch nicht. Ich habe mich natürlich für das Foto nett zurechtgemacht und bin wohl fotogen, aber so eine Reaktion ist doch erstaunlich, finde ich.

Ein *fiete*, »junge 62 und tageslichttauglich«, prescht sehr beherzt vor und deklamiert: »Dich oder keine! Ein Traum würde in Erfüllung gehen. Mit Dir möchte ich eine schöne Zukunft für den Rest des Lebens verbringen. Entscheide Dich für mich und Du hast für dein Leben ausgesorgt.«

Das ist natürlich beruhigend zu wissen.

Ein netter Vierundsechzigjähriger, freundliches Gesicht, rundliche Figur, fotografiert sich mit Blumenvase und Rose – extra für mich! Zum Valentinstag.

»Eine solche Frau wie du ist sicherlich nicht allein an so einem Tag, trotzdem möchte ich dir sagen, dass ich an dich denke.«

Sarah, der ich das schicke, lästert natürlich: »Der Typ erinnert mich an die Szene aus *Manche mögen's heiß*, ich glaube, es war Jack Lemmon mit der Rose quer im Maul. Ich hasse es, wenn Männer neckisch sind, das geht immer daneben.«

Aber wie sollen sie sein? Sie tun sich schwer, die Männer, die mit dem Ansturm der letzten dreißig Jahre von weiblichem Begehren nach Freiheit, Geld und Selbstausdruck ganz schlecht klarkommen. Da sie nie gelernt haben – hallo Mütter, hier liegt *eure* Aufgabe! –, ihre Emotionalität als etwas Wertvolles zu empfinden, werden sie noch stummer und ratloser, als sie früher schon waren, es aber noch verbergen konnten. Selbstbewusste Frauen flößen ihnen Furcht ein, und sie sehen, dass ihre einst übermächtige Machtposition in der Welt schmilzt wie das Eis am Nordpol, dass ihnen das Wasser abgegraben wird, was Wichtigkeit und Dominanz angeht. Sie haben Angst, nackte Angst. Nur darf das keine merken.

Wie nun sollen sich diese verwirrten Männer online als suchende Liebhaber, tolle Freunde, zukünftige Ehemänner und Romantiker ins rechte Licht setzen? Das ist eine sehr feine Gratwanderung zwischen dem ausgelaufenen und belachten Modells des Softies und dem modernen, aufgeklärten Mann mit Herz und natürlicher Männlichkeit.

Wie sehr sie suchen und lieben möchten und nicht falsch wirken wollen, wie sehr sie verstanden, gemocht und akzeptiert werden wollen, merkt man an den langen, sehr wortreichen Erklärungen und Versuchen, sich menschlich, nicht männlich darzustellen. Männer und wortkarg? Das sind Überbleibsel der sorgenfreien Herren- und Meistertage, als Knurren und Kopfschütteln ausreichendes Vokabular war, ohne dass sich allzu großer Protest regte. Das kann sich heute kein Mann mehr erlauben. Und so nähern sie sich an die Frauen an und öffnen sich, bitten um Verständnis und Milde für ihre ungelenken Selbstdarstellungsversuche.

Denn wie's scheint, sind sie noch nicht so ganz sicher, gelenkig und gewieft auf dem glitschigen und mit Fußangeln gespickten Weg zu den Frauenherzen (und Mösen). Also suchen sie nach der Balance und leihen sich Begriffe aus dem rosa Vokabular der Frauen. Wie mit einem großen Zaubergummi wegradiert sind so scheußlich männliche Eigenarten wie Egomanie, krawalliges Machotum, Achtlosigkeit, fehlende Sensibilität, Großkotzigkeit und so weiter.

Was bleibt, ist der weichgespülte Mann mit den unauffälligen Eigenschaften, passend zur modernen Frau im aufdringlichen Dominakostüm. Und das zeigt sich beim Online-Dating häufig daran, dass Männer gern das gefürchtete, viel zu oft gebrauchte K-Wort, nämlich »kuscheln«, einfügen: »Ich kuschel gern«; »brauche auch Kuschelmomente«; »bin ein Kuschelbär«. Oft werden das wichtige Schlüsselwort »romantisch«, qualitativ hochwertige Aktivitäten wie »Kerzenlichtdinner« und menschelnde Qualitäten wie »sensibel«, »guter Zuhörer« beigefügt.

Jeder Mann glaubt zu wissen, dass die meisten Frauen auf Sex ohne Gewissen und Pornos ohne Peinlichkeit empört reagieren – ob das nun stimmt oder nicht.

Seit eine riesige lukrative Industrie sich der Frauen und ihrer angeblichen geheimen Wünsche und ihrer speziellen warmherzigen Disposition angenommen hat, weiß selbst der größte Depp so ganz vage, dass Frauen Duftkerzen, Badeschaum und dekorativen Schnickschnack ebenso lieben wie flauschige Kätzchen, unbequeme Riemchenstilettos und einen ganzen Becher Häagen-Dasz-Eiscreme beim Anschauen einer romantischen Komödie vor dem Fernseher.

Natürlich wollen die Männer sie nicht verärgern, die neuen Amazonen und Gebieterinnen, die ungeduldig und scharfkantig geworden sind. Aber ihnen zu gefallen ist komplizierter geworden als Hirnchirurgie, denn ist man als Mann zu freundlich, ist man weibisch; zu höflich, ein Weichei; zu unsicher, Muttis Bester; zu männlich, ein Macho; zu stilsicher, heimlich schwul; zu charmant, ein Schürzenjäger; zu kritisch, frauenfeindlich. Die Liste ließe sich endlos verlängern.

Ja, die Welt des Mannes, so wie sie einmal war, ist am Bröckeln, er weiß nicht mehr so richtig ein noch aus – aber Ratlosigkeit wirkt nicht sexy. Könnte man nicht den Mann etwas vermenschlichen, ohne dass er Erotik und Sexiness verliert? Geht das überhaupt?

Denn auch wenn sie noch so gern kuscheln, in einer der unzähligen Studien ist wieder einmal herausgefunden worden, dass der verständnisvolle, sensible, einfühlsame Softie nicht das ist, wovon Frauen träumen, und deshalb, um Bushido zu zitieren (ich möchte nicht wirklich mit oder für ihn sprechen), »kein'n Respekt« von Frauen bekommt.

Weiche Witwer und
andere Katastrophen

Also, der Rosenmann und all die anderen Kuschler wohnen so-wieso zu weit weg, und ich will endlich anfangen. Ich kann mich wie immer nicht entscheiden, aber zwischen dem sechsund-zwanzigjährigen türkischen Jungmann, der sehr gut aussieht und rasend gern tanzt (genau wie ich), und dem klassischen sympa-thischen Zeitgenossen, der »besser zu mir passt«, wie jede be-ratende Instanz mir versichern würde, verabrede ich mich erst einmal mit Dirk aus Hannover, einem scheinbar freundlichen, intelligenten und gebildeten Mann von dreiundsechzig.

Er hat mich bei Parship entdeckt und mir gemailt, dass er »mich für sehr interessant und attraktiv« hält. Das hört man gern, war aber nicht unbedingt ein Grund, mich auf ihn zu stürzen. Doch warum nicht mal einen Witwer, schuldlos allein und nicht, weil er ein scheußliches Schwein ist, mit zwei erwachsenen Kindern und viel Freizeit?

Er ist Architekt im Ruhestand, reist viel und war, genau-so wie ich, oft in Amerika. Wir mögen San Francisco und Chardonnay, er sieht sympathisch auf dem Foto aus, und überhaupt will ich mir ja endlich abgewöhnen, nur nach auf-fälligen, gut aussehenden Männern zu schauen, so wie ich es mein Leben lang gemacht habe.

Wir führen eine sehr gepflegte Unterhaltung per Handy, und er möchte gern extra aus Hannover anfahren, um mich zum Lunch zu treffen.

Theoretisch sind Witwer perfekt. Beziehungsgefestigt und pflichterfüllt durch eine lange Ehe, dazu ein bisschen traurig und unerfahren mit neuen Frauen und deshalb dankbar für eine neue Chance, können sie der Fang schlechthin sein. Wunderbar für schüchterne Frauen, die Sicherheit suchen. Und im Gegensatz zu geschiedenen Männern müssen sie keinen Unterhalt zahlen! Die einzige Gefahr droht von den Kindern, wie ich später in einem anderen Fall noch lernen werde.

Da ist er nun, einige Zentimeter kürzer als angegeben, graues, leicht schütteres Haar, wie es halt so sein kann in dem Alter. Ein wollener dunkelblauer Blouson, helles Hemd, graue, am Hosenboden etwas blanke, weil durchgesessene Hose, Schnürschuhe, Brille mit Goldrand, an der etwas gerückt wird.

Typ Günther Jauch in alt, denke ich. Nicht gut, denn ich finde den kinnlosen Langweiler bereits in seinem jetzigen Alter zum Schnarchen. Dirk ist wirklich sehr sympathisch, auf eine unspektakuläre Art. Doch nach eineinhalb Stunden Unterhaltung über Gruppenreisen mit abenteuerlichen Senioren, knackende Kniescheiben und alte Eltern – *die* zündenden Themen unserer Generation – bin ich bereit zum Abschied, den ich mit einem bedauernden Lächeln ankündige.

Dirk steht zuerst auf, und ich sehe ohne Begeisterung seinem flachen Hintern und ganz leicht gebückten Gang hinterher.

So, wie ich auf Stimmen und Hände achte, ist mir ebenso der Gang eines Mannes wichtig, und es gibt auch noch im fortgeschrittenen Alter einen gewissen federnden Gang, der einen Schuss Vitalität anklingen lässt, oder mache ich mir da etwas vor?

Er begleitet mich noch ein Stück, und wir verabschieden uns an der Ecke. Es war ein gesitteter, ereignisloser Nachmittag, so milde und harmlos wie eine Tasse Caro-Kaffee mit Tante Else und mit weniger Spannung als eine Edgar-Wallace-Verfilmung der Sechzigerjahre.

Ich glaube, ich hätte mit geschürzten Lippen »Fick mich!« in sein unerleuchtetes Gesicht säuseln oder einen roten Satinslip wie zufällig über sein Sprudelglas drapieren können – er hätte so getan, als bäte ich ihn, mir den Zucker zu reichen.

Ob man sich denn wiedersehen wolle, fragt er mit einem hoffnungsfrohen Unterton.

»Also, als romantisches Paar sehe ich uns jetzt nicht«, fühle ich mich beflissen zu sagen, vielleicht etwas zu direkt. Ich glaube, ein leicht verletztes Flackern in seinen Augen zu entdecken.

Sei lieb, sei gnädig, sei nicht so eingebildet, sage ich mir immer als Mantra, bevor ich mich mit einem unbekannten Mann treffe. Sie sind alle wertvolle Wesen in ihrer eigenen Art, nicht schlechter oder besser als du. Du bist nicht durch einen wahrhaft magischen Akt vom Schöpfer dazu ausersehen, *nicht* alt auszusehen.

»Aber ich will sie nicht, diese Männer!«, ruft die nie leiser und weniger leidenschaftlich gewordene Stimme der Fünfunddreißigjährigen in mir, die ich schon so lange nicht mehr bin.

Ich will keinen Best-ager-Sex mit einem freundlichen Herrn, der wie ein Buchhalter aussieht! Ich bin noch nicht so weit! Ich werde nie so weit sein! Es müssen Funken sprühen – keine, die verbrennen, aber mindestens sanft züngeln. Die beweisen, dass ich am Leben bin, noch nicht erkaltet oder erloschen vom Alltag und den fast zu vielen Jahren, die ich schon lebe. Ist das zu viel verlangt?

Der Preis der Freiheit

»Du bist zu anspruchsvoll«, den Satz habe ich oft in meinem Leben gehört. Gemeint ist: »Greife schnell nach dem, was zu kriegen ist.«

Ja, natürlich bin ich anspruchsvoll. Ich habe Ansprüche an mich und andere und möchte sie nicht aufgeben. Ich möchte ein Leben, das mir guttut, das zu mir passt und mich kreativ sein und träumen lässt. Nach wie vor.

Ganze Generationen von Frauen haben sich die Köpfe darüber zerbrochen, was der Mann will, damit sie ihm die Wunschfrau sein dürfen. Was Männer wollen, schien unverändert klar zu sein – und ist es heute noch: Viel für sich, vornehmlich von Frauen.

Was Frauen wollen, hat sich doch auf vielen Ebenen verändert. Besonders wenn es um Männer geht. Was ist ihr Wert, ihre Position in unserem Leben? Diese sehr wichtigen und teilweise existenziellen Fragen kamen und kommen immer wieder hoch. Auch bei mir, dem inzwischen eingefleischten Single, obwohl ich sie manchmal einfach verdränge.

Mein Verhältnis zu Männern war nie so richtig leidenschaftlich von Sehnsucht nach konventionellem Glück mit ihnen geprägt. Ein Mann konnte mir nicht zu dem verhelfen, was ich am meisten wollte: Identität und Autonomie.

Extrem eigenwillig und nach Freiheit dürstend, ahnte ich schon als Teenager, dass Männer und Frauen keineswegs die perfekte Paarung waren. Sie hatten zu verschiedene Interessen und behinderten sich oft gegenseitig. Ich wollte selbst wichtig sein und tolle Sachen machen, meine eigenen Spuren hinterlassen, egal wo und wie, und nicht auf irgendwelchen ausgelatschten Pfaden dankbar hinter den Herren der Welt hertrippeln. Und wenn ich genau überlege, dann wollte ich zwar immer nur die allerbesten Männer haben, aber die Sehnsucht nach dem besten Selbst war letztendlich stets größer.

Ich gehe nach Hause, leicht deprimiert. Aus meinen Tiefen steigt eine neue Art der Panik, die ich vor zehn Jahren noch nicht kannte. Wie ein warnender Song dudeln Rilkes Gedichtfetzen in meinem Kopf: »Wer jetzt kein Haus hat, baut sich keines mehr. Der wird in den Alleen wandern …«

Ich will nicht im Herbst zwischen bunten Blättern allein und verloren herumwandern wie eine Heimatlose, weder in Alleen noch sonst wo! Ich will warm und gemütlich mit Leuten zusammensitzen, gern auch Arm in Arm mit einem Mann meiner Wahl. Die Angst vor Verlust ist sicher eine der zentralsten Ängste von Frauen. Und je älter wir sind, desto schärfer tritt sie hervor. Was passiert mit mir, jetzt, wo ich den üblichen Weg der Anpassung verlassen habe? Wer ist noch da, der auf mich wartet, der mich lieben und vervollkommnen kann?

Es erscheint verrückt und ein klein wenig pervers, aber mit dem Anstieg der Ansprüche bei den Frauen erfahren die Beziehungen zu Männern oft einen Abstieg. Man sollte glauben, dass Glück und Zufriedenheit als Resultat der freiheitlichen Wahl des Berufs und des Partners bei Männern die gleiche Freude auslösen wie bei Frauen. Tun sie aber nicht.

Männer fühlen sich schnell entmachtet und bedroht, wenn Frauen sich von ihnen unabhängig machen. Und das tun sie ja nun schon seit Jahrzehnten mit mehr oder weniger großem Erfolg. Glücklicherweise hat in den letzten Jahren das Bedürfnis, einen Mann zwecks Heirat mit krampfhaften Selbstverleugnungsakten zu verzaubern, etwas nachgelassen. Frauen haben Jobs und eigene Ideen über ihre Lebensform. Männer und Frauen müssen es so akzeptieren – am besten ohne Bitternis und ein Gefühl des persönlichen Versagens: Die Idee des harmonischen, lang andauernden Zusammenlebens zwischen den Geschlechtern hat sich für die meisten als utopisch erwiesen.

»Willst du denn, wenn du alt bist, allein sein?«, fragt eine Bekannte, die selbst ihren Mann fester und verzweifelter an sich gedrückt hält als ein verängstigtes Kind seinen Teddy, halb mitleidig, halb indigniert.

Ich habe immer Frauen gleichzeitig beneidet und bedauert, die ihre Jugendliebe geheiratet haben und lange harmonische Ehen führten, fest eingebettet in ein Universum der Ruhe und Sicherheit, das wahrscheinlich erst mit dem Tod erlischt.

Es ist wohl ein gewisser Verlust, nicht mit jemanden als Paar »aufgewachsen« zu sein. Das ist das einzig Schöne an einer langen Ehe. Man lernt sich als junger Mensch kennen und hat so eine Art Geheimleben entwickelt, das nur dem Paar gehört und in das nie ohne Erlaubnis von außen eingedrungen werden kann. Also eine beschützende Burg, gebaut aus langjährigem Vertrauen und Sichkennen.

Die andere Seite ist natürlich der Verlust der Individualität und zu starke Angleichung oder Gleichschaltung. Wir alle kennen Paare, die wie Zwillinge und Echos wirken, angefangene Sätze gegenseitig ergänzen und Meinungsverschiedenheiten als Bedrohung der Sicherheit und des Friedens ihrer Burg empfinden. Sie finden's schön, andere schrecklich.

Doch glücklicher Single zu sein schützt nicht davor, manchmal große Zweifel zu haben, finde ich. Jenseits der Sechzig, nach einigen Lieben und schiefgegangenen Beziehungen, kommt manchmal das Gefühl auf, das in jüngeren Jahren einfach nonchalant weggeschnippt wurde wie ein lästiger Fussel: Bedauern über all die Körbe, oder zumindest den einen großen, wichtigen, die man an ernsthafte Verehrer ausgeteilt hat – und jetzt nicht mehr so richtig weiß, warum.

Mir geht es so. Nun ja, die Männer waren vielleicht eher bodenständig, treu und verlässlich gewesen – in meinen Augen nicht wirklich sexy, als ich fünfundzwanzig oder achtunddreißig war –, aber die Karriere, die Idee von der eigenen Power und das, was man gern »Selbstfindung« nannte, waren mir wichtiger als Küche, Kinder und Opferbereitschaft.

Ich selbst hatte drei sehr kompatible Lebenspartner, die die richtigen hätten sein können, das sehe ich heute. Wer die Falsche war mit ihren Ansprüchen und der ständigen Kritik, das war ich.

Den einen hatte ich schon getroffen, als ich zwanzig war. Aber die Idee, mit dem erstbesten Mann eine Ehe einzugehen und eine Familie zu gründen, erschien mir damals, als würde ich eine Tür zum Paradies zuschlagen und mir Handschellen anlegen. Ich war viel zu neugierig auf die Männer der Welt, die ohne Zweifel auf mich warten würden und die ich mir aussuchen konnte.

Latin Lovers – damals und heute

Diesen hier *habe* ich mir ausgesucht. Nach so viel geradezu staubtrockener Geruhsamkeit mit Dirk will ich Lachen und Flirten. Und doch: Was um alles in der Welt tue ich hier?, denke ich, während ich in einer netten Trattoria auf Mario warte.

Ich treffe mich mit einem Pizzeriabesitzer zwecks romantischer und vielleicht sexueller Spielereien. *Pizzapapa* hatte sich online als lustiger und lustbetonter, sorgenfreier, geschiedener Mann (drei erwachsene Kinder) mit einem sehr gut gehenden Geschäft vorgestellt. Er suchte eine attraktive, lustige, unabhängige, warmherzige, sexy Frau zwischen fünfundvierzig und fünfundsechzig, die auch »sehr offen für Leidenschaft« ist.

Das alles bin ich, oder kann es zumindest sein! Er bot Erotik und Pizza satt sowie romantische Reisen in seine Heimat Italien. Sein Foto zeigte einen sehr gut aussehenden, leicht eitel, aber freundlich dreinblickenden Mann Ende fünfzig, der irgendwo im Süden vor Weinranken saß.

Wahrscheinlich sein kleiner Palazzo in Siena, fantasierte ich.

Ich komme aus der Generation, für die Italiener Sonne, überschäumende Lebensfreude, Eis, Pizza und Spaghetti repräsentierten. Sie waren die ersten Gastarbeiter, die in den Fünfzigerjahren mit *amore*, *O Sole Mio* und geölten schwarzen Locken so manchem deutschen Fräulein mit Bienen-korbfrisur und spitz gestepptem Büstenhalter unterm engen Orlonpulli den Kopf verdrehten, weil sie ihr nachpfiffen und sie so unverhohlen lüstern anstarrten, wie es kein deutscher Mann gewagt hätte.

Wir fanden sie als Kinder faszinierend, ein bisschen wie Zigeuner oder Zirkusartisten. Jede Eisdiele, die irgendwie alle Venezia hießen, gehörte Italienern, und da ich Eisversessen war wie jedes kleine Mädchen damals, liebte ich eine Kugel Stracciatella – kein Deutscher konnte es aussprechen (und kann es immer noch nicht, wenn man genau hinhört) – mehr als jedes doofe Fürst-Pückler-Eis.

Oh ja, ich kann mir einen Lebensabend in Italien wunderbar mit einem Mario oder Giuseppe vorstellen, wo die alte, schwarz gekleidete Großmutter Pasta kocht, wenn seine Kinder mit den Enkel-Bambini zu Besuch kommen.

Perfekt, solange ich sonntags nicht in die Kirche muss, denke ich.

Mit diesem nostalgischen Bonus im Hintergrund hatte ich Mario angemailt, er hatte sofort mit einer charmanten Mail geantwortet, die ein klein wenig radebrechend klang. Aber das war amüsant. Man hängt ja am Italo-Klischee. Unser Flirtprogramm hatte also offiziell begonnen.

Mario gehören zwei Pizzerias, und er hat scheinbar viel Zeit – und verlässliche Angestellte, denn er ist viel online, wie ich sehe. Bald wagen wir den Vorstoß zum Chatten.

»Für was interessierst du dich, Mario?«, tippe ich ein, nachdem geklärt ist, dass er als Junge mit der Familie aus Neapel nach Berlin gekommen und geblieben war. »Sex«, ist die Antwort.

»Wer nicht?«, antworte ich.

»Dann wir sollten uns schnell treffen«, meint er.

»Ein bisschen zu schnell, das Ganze«, finde ich.

»Wir nicht mehr so jung«, antwortet er nicht ohne Scharf-sinn.

Dann will er noch nebenher wissen, wie ich zu oralem Sex stünde. Ich probiere es mit dem Witz, dass ich lieber an einer Tüte italienischem Eis lecken würde.

Er sei in der glücklichen Lage, mich mit beiden Lutsch-objekten beglücken zu können, bemerkt er.

Nach einigem Geplänkel hin und her wagen wir den nächsten Schritt.

Telefon.

Vorher fragte ich meine Freundin Sarah, ob man seine Handynummer denn an Fremde, die Sex wollen, heraus-geben darf. Könnte theoretisch zu Problemen führen, mein-te sie.

Ich will es riskieren. Ich bin Stimmenmensch. Fiepsige, grelle und nölende Stimmen bereiten mir Pein. Mario hat eine wunderbare Stimme: laut, aber enthusiastisch, italie-nisch mit allem Drum und Dran, auch ein bisschen rollen-des R.

Wir verabreden uns.

Wenn Frauen Männer treffen, sitzen gleich Genetik und Chemie uneingeladen mit am Tisch und entscheiden in Sekunden, ob man sich küssen und sofort ins Bett stürzen und unglaublich wilden Sex haben will und ob der Mann die richtige Veranlagung hat, gesunde Kinder zu zeugen, oder ob es ganz einfach bei einem freundlichen Glas Pino Gri-gio und einem Gespräch über die vielen Tiersendungen im Fernsehen bleibt. Und das Gesetz der Attraktion gilt eben-so für ältere Menschen – auch wenn die Schmetterlinge im Bauch angeblich weniger werden sollen.

Ich bin zuerst da und sitze schon draußen mit der Straße im Auge, weil ich überpünktlich bin und es gern mag, wenn der Mann auf mich zugeht, denn dann kann ich gleich seinen Gang sehen. Er geht schnell, ist etwa einen Meter siebzig groß, eher rundlich – oder soll ich sagen kompakt? –, dabei aber nicht schwabbelig. Sein Haar ist dunkel, von Grau durchzogen und zurückgekämmt, wie es sich für einen Italiener gehört. Seine Designerjeans mit Bügelfalte sitzen unterm Bauch, sein weißes Hemd ist immerhin aus Leinen und sein knautschiges hellgelbes Jackett auch.

»Ciao«, sagt er lässig und nimmt meine Hand, »ich bin Mario.«

Ich mag ihn.

Ich gucke ihn mir verstohlen an, als er mit dem Kellner ein paar Brocken Italienisch redet. Sein Hemd ist ziemlich weit geöffnet, perlgraue Haare kringeln sich auf seiner Brust. Ein Blick auf die Füße, und ich muss grinsen. Nach Playboy-Manier trägt er keine Socken, nur etwas abgestoßene dunkelblaue Wildlederslipper mit dünnen Ledersohlen. Aber wenigstens ist kein goldenes Krönchen eingestickt, das hätte ich nicht verkraftet.

Mario, der gelegentliche Raucher, so steht's im Profil, wirft lässig einen Autoschlüssel auf den Tisch und packt seine Zigaretten und sein Handy dazu. Als er meinen strafenden Blick sieht, geschieht ein Wunder. Er entschuldigt sich und verspricht, dass er es ausstellen wird, nachdem der wichtige Anruf beendet ist, den er aus Parma erwartet. Die erste Zigarette wird gleich angezündet.

»Sie-e rauchen nicht?«, fragt er erstaunt.

Er spricht wirklich so, an alles kommt ein E. Ich schüttele sehr energisch den Kopf.

»Haben Sie mein Profil nicht gelesen?«

Warum Siezen wir uns eigentlich?

Er lächelt und macht eine wegwerfende Handbewegung.

»Ich habe Foto angeguckt. Das mir gefiel.« Er guckt mich prüfend an. Na, kommt er jetzt, der Satz? Ja! »Du siehst besser aus jetzt hier, im Natur, *bella*!«

Endlich sind wir wieder beim Du. Ich nicke und sage Danke. Wedele aber auch gleich den Rauch von mir weg. Das kommt nicht gut bei Rauchern.

»Ah, du bist nicht eine von die Zigarettenpolizei?«, sagt er.

Einen gewissen Humor hat er also. Trotzdem, das Gerauche muss er lassen, denke ich, so als würden wir morgen zusammenziehen.

»Du warst also schon verheiratet?«, frage ich, um die Unterhaltung auf wichtige Themen zu bringen.

»Si, si, mit deutsche Frau natürlich. Nicht so hübsch wie du«, ein etwas routiniertes Lächeln in meine Richtung, aber ich höre es natürlich gern.

Ich bin wieder erstaunt, wie sehr wir Frauen Komplimente lieben, ja aufsaugen, selbst wenn sie von einem halb blinden, besoffenen Vagabunden auf der Straße kommen würden. Die Willigkeit, an sie zu glauben, ist genauso groß wie das Misstrauen, dass sie nicht stimmen könnten.

»Und warum hat es nicht geklappt?«

Männer sehen ja das Verfehlen ihrer Ehe immer total anders als Frauen. Ich finde das interessant.

»Du bist-e zu neugierig, *bella*«, erwidert er. Ein weiterer Blick auf mich. »Deutsche Frauen sind sehr …«, er sucht nach Worten.

»Tough?«, werfe ich ein. Ein fragender Blick von ihm. »Direkt, stark, Haare auf den Zähnen?«, helfe ich weiter.

Er nickt.

»Ja, taff-e, mein Frau wollte selber Modegeschäft aufmachen und konnte sich nicht um Familie mehr kümmern.« Er guckt plötzlich brütend vor sich hin. »Frauen sind auf Holzweg. Sie verlieren alle Weiblichkeit. Das ist nicht gut.«

Ach bitte nicht, denke ich, nicht die Sache mit der Weiblichkeit. Sie hat ja ihren Platz und ist auch wichtig, aber sollte immer hübsch dosiert werden. Wenn ich richtig schlau und berechnend wäre, und das bin ich leider nicht, würde ich Mario mit all der weichen, hingebungsvollen Weiblichkeit, derer ich fähig bin, einwickeln, bis er sich nicht mehr rühren kann.

»Du bist-e nicht so ein taffe Frau, nein?«, fragt er.

Ich lüge und schüttele den Kopf.

»Und was hat sie beruflich gemacht?« Ich frage das alle verheirateten Männer, wohl weil ich aus dem Beruf der Ehefrau – oder dem Fehlen dessen – auch etwas über ihre Person ableite.

»Sie hat geführt die Pizzerias«, erklärt er knapp.

Wahrscheinlich war es ihr zu viel Arbeit und sie ist weggerannt. Aber dann bricht es aus ihm heraus. Sie ist fünfzig und hat jetzt einen jüngeren Freund.

Vielleicht lässt er beide von der Mafia umlegen, zuckt es mir durch den Kopf, man liest so viel Blutiges darüber in letzter Zeit. Ich dachte immer, *Der Pate* hätte reichlich übertrieben. Hat er aber nicht, und wenn ich jetzt zu unverschämt zu Mario bin, habe ich vielleicht plötzlich Herren mit schwarzen Handschuhen, Revolvern und Sonnenbrillen an der Hacke.

Mario sieht aber ganz gemütlich aus. Selbst wenn er einmal war, wie man sich damals die *Latin Lovers* vorstellte: heiß, locker, charmant, ein bisschen Raf Vallone, ein bisschen Mario Lanza. Ich muss lachen und sehe mich als sechzehnjährige Schülerin im Campari sitzen.

Ich war magisch angezogen von den neuen Espresso-Bars, die überall in den frühen Sechzigerjahren aufmachten – nach Meinung meiner Mutter Tempel unaussprechlicher Dekadenz, gefüllt mit glutäugigen Don Juans. Sie hatte ein striktes Verbot ausgesprochen, mich nach der Schule auch nur in der Nähe vom Campari blicken zu lassen. Bei uns zu Hause ging es ziemlich streng zu, was die Sexualität der Töchter anging. Natürlich verstärkte das die Faszination dieses verruchten Orts, und so schlenderte ich mit meiner Freundin Hannelore öfter daran vorbei.

Schon mittags hingen dort interessante, dunkelhäutige junge Männer mit hungrigen Augen herum und sippten an Camparis, während sie die vorbeigehenden Mädchen mit Brigitte-Bardot-Frisuren beobachteten.

Während deutsche Jungmänner sauber gescheitelt und solide aussahen, trugen die Südländer lässig um die Schultern geschlungene, pastellfarbige Pullover, enge schwarze Hosen und dünnsohlige schnürsenkellose Schuhe, die ganz eindeutig italienischer Herkunft waren.

Und keine Socken! War es denn möglich?

Das Campari galt als »Abschleppplatz«, aber das war mir nicht klar. Meine Naivität war vergleichbar mit der von Rotkäppchen. Ich war eine wohlerzogene Tochter aus gutem Hause, rauchte nicht und trank weder Espresso noch Campari, die zwei coolen Hauptgetränke dort. Und eines Tages wagte ich es. Ich setzte mich mit einem Glas Selters dort an einen Tisch.

Ich wollte lediglich die Atmosphäre der Freiheit atmen, in dem italienischen Café mit Terazzofußboden an einem runden kleinen Tisch mit Metallstühlen sitzen und nicht wie eine blöde Schülerin wirken, sondern wie eine heiße Braut.

Nichts Schreckliches passierte, außer dass ich ein wenig angemacht wurde und natürlich so tat, als würde ich das nicht bemerken. Das übliche Spiel junger Mädchen damals.

Und nun sitzen hier Mario und ich, zwei ältere Menschen, gespickt mit Leben, Lieben und Erfahrungen, und holen den verlorenen Flirt der frühen Jahre nach.

Mario betrachtet geringschätzig den Latte macchiato – der Zimt, den ich draufstreue, verursacht ihm ein Schaudern.

»Wir nicht trinken in Italien so eine Zeugs.«

Ein typisch deutsches »Wir sind hier aber nicht in Italien« drängt sich auf meine Lippen, doch ich sage nur: »Ich mag's aber.« Ich will als Frau der eigenen Entscheidungen dastehen. Er trinkt schon den zweiten Espresso, natürlich. Es ist sehr warm, die Nachmittagssonne scheint auf uns, und ich langweile mich ein bisschen. Wo ist das stimulierende sexuelle Geplänkel der Online-Unterhaltungen geblieben?

Er nimmt meine Hand.

»Hoffentlich zählt er jetzt nicht meine Altersflecke«, denke ich. Gut, dass ich wenigstens den schönen alten Brillantring meiner Oma am Finger habe, vielleicht lenkt der ab.

»Du hast schöne Hände«, bemerkt er.

Er wächst mir immer mehr ans Herz, auch wenn er vielleicht nur nicht seine Brille aufsetzen mag.

»Die könne zupacken, oder?«

Es klingt etwas anzüglich, na endlich.

»Oh ja, besonders wenn es etwas gibt, was sich zu greifen lohnt«, sage ich so neckisch wie möglich.

Meine Güte, was für ein Niveau!

Ihm gefällt's, das spüre ich.

Er taxiert mich aus den Augenwinkeln, während ich in dem Latte rühre.

Was machst du denn so, wenn du nicht die Pizzerias beaufsichtigst?, will ich gerade fragen, denn in seinem Profil stand als Hobby: Kunst, Musik, Sport. Also da Vinci, La Traviata und Fußballgucken wahrscheinlich.

Aber sein Handy klingelt und vibriert gleichzeitig auf dem Tisch. Er macht mir ein Zeichen und nimmt den Anruf an. Ein Schwall Italienisch ergießt sich.

Mario blüht auf. Er lacht laut, mit zurückgelegtem Kopf, sein Backenzahn ist aus Gold, er wippt mit dem Stuhl, er gestikuliert mit den Händen, er haut auf den Tisch, sodass meine Tasse klappert, er fährt sich durchs Haar.

Endlich wird es italienisch! Hier ist er, mein Klischee-Italiener. Er erzählt hoffentlich nicht gerade von mir.

Ich könnte natürlich jetzt Sarah anrufen und ihr in unserem Code erzählen, wo ich bin und wie es läuft. Aber ich muss auf die Toilette und entschuldige mich.

Ich liebe bei Dates das Aufstehen und Weggehen, denn dann gucken einem die Männer ungeniert hinterher und checken alles ab, den Hintern, den Gang, die Beine. Meine lassen sich sehen, deshalb habe ich auch einen schmalen Rock an. Er sieht jetzt allerdings auch, dass ich relativ groß bin. Ich glaube, Italiener mögen keine großen Frauen, oder ist das nur Blödsinn? Sophia Loren ist nicht gerade klein und ihr Carlo Ponti war praktisch ein Zwerg, also es geht doch.

Als ich zurückkomme, unterhält er sich mit einer jüngeren Frau, die am Nebentisch sitzt und die er vorher schon angeguckt hat, wie mir einfällt. Hat er die etwa angebaggert?

Sie guckt mich an, als wüsste sie, dass Mario und ich uns online kennengelernt haben.

»Wie bist du in die Liebe?«, fragt er unvermittelt, als ich wieder sitze.

»Was?« Ich blicke ihn überrascht an.

»Mit Sex«, wiederholt er, so als hätte ich die blöde Frage nicht verstanden.

»Fantastisch, kaum ein Mann überlebt ihn, und du?«, sage ich extra ernst.

Ironie ist meine Geheimwaffe, wenn ich nicht wirklich antworten will. Immerhin lacht er, dann greift er entschlossen in die Jacketttasche, guckt sich um, ob ihn einer beobachtet, und holt eine Handvoll Kondome heraus. Er legt sie nicht auf den Tisch, sondern lässt sie mich nur sehen wie ein Lockmittel, und steckt sie dann zurück.

Ich bin weniger geschockt als beeindruckt. Da ist einer gut präpariert. Es ist so ein bisschen, als würde er Zucker oder eine Möhre für ein Pferd mitbringen, um sich beliebt zu machen. Oder als wäre ich in einen illegalen Deal mit interessanten Drogen involviert.

Gleich macht er den Hosenschlitz auf und lässt mich gucken, denke ich und muss lachen.

In Wirklichkeit bin ich enttäuscht von dieser unoriginellen Plumpheit. Nur eine Sekunde lang überlege ich, ob ich dieses Element von sexueller Abenteuerlust in mir finde, die mich sagen lässt: »Meine Wohnung oder deine?« Attraktiv genug ist er eigentlich.

Aber sie ist nicht da, die Verwegenheit, die ich gern hätte. Ich bin zu feige oder schlicht und einfach doch nicht so interessiert. Die Warnung meiner Mutter vor Männern ohne Socken hallt vielleicht auch in mir nach.

Er weiß nicht, wie er mein plötzliches Lachen deuten soll. Er guckt auf die Uhr, die Dämmerung bricht herein mit einem

Licht, das alles verschönt, nur nicht ältere Menschen. Ja, so weit ist es mit sechzig, die Natur ist nicht mehr dein Freund und Helfer. Der Rest Latte macchiato ist kalt, Mario auch. Die noch vor zwanzig Minuten schelmischen Augen blicken gelangweilt. Er muss gehen. Er verabschiedet sich mit Handschlag.

»Hat-e mich gefreut. Du bist sehr attraktive Frau.«

Es klingt nicht so recht von Herzen, und meins bricht nicht vor Enttäuschung.

»Hoffe, du kannst die Kondome heute noch irgendwo einsetzen, Mario«, gebe ich ihm mit auf den Weg.

Er trottet davon. Er kann mich mal, mein rüstiger Romeo. Flavio Ragiatone oder so ähnlich hätte er heißen sollen, finde ich, so wie dieser scheußliche alte reiche italienische Playboy, von dem Heidi Klum ein Kind hat.

Nach einer Minute rufe ich Sarah an und sage den Satz, den sie noch öfter hören wird: »Du glaubst nicht, was mir eben passiert ist.«

Die gute Nachricht: Mario hat meinen Latte macchiato bezahlt.

Karen, der ich auch die Mario-Episode erzähle und die etwas konservativer als ich ist, meint nur: »Finger weg von Ausländern.«

Aber dazu kommen wir noch.

Der Krieg der Kondome

Einen praktischen Effekt hatte das Date mit Mario. Es brachte mir das Thema Kondome näher, das ich gern verdränge, wenn ich in keiner Beziehung bin, wo sie nicht unbedingt nötig sind. Denn wer liebt sie schon?

Ich hatte nämlich gar keine brauchbaren mehr im Haus, auch wenn sie ja laut Verfallsdatum ewig halten sollen, sodass man sie weitervererben kann und noch die nächsten Generationen etwas davon haben. Wem hatte ich das letzte Stück aus meinem einst umfangreichen Kondomfundus angedeihen lassen? Gut, die Kavalierin genießt und schweigt.

Nur das Kondomsouvenir von einem Amerikatrip vor sechs Jahren habe ich aufgehoben. Es ist schwarz und steckt in einer Art Streichholzbriefchen mit dem Logo des Virgin Record Store in Los Angeles, in dem sie neben der Kasse gelegen hatten. Umsonst.

Zugegeben, ich bin etwas aus der Übung. Mit meinem letzten festen Freund, von dem ich mich vor sechs Jahren getrennt habe, hatte ich die Sache brav mit einem Aidstest geklärt und brauchte auch keine mehr für Empfängnisverhütung. Die letzten beiden Affären sind locker und lustig gewesen und irgendwie waren Kondome da.

Was genau sind nun aber die gängigen Benimmformeln im Alter von sechzig? Hat man Kondome neben dem Bett liegen und auch in der Handtasche? Überlässt man es dem Zufall, ist man spontan und tut ganz schrecklich überrascht, wenn er Sex will, und hofft darauf, dass er welche dabeihat?

Dass das der Fall sein kann, selbst wenn man nur Kaffee miteinander trinkt, hatte ich ja bei Mario gesehen.

Ach ja, das Kondomthema, es war immer schon freudlos, unsexy, unromantisch und irgendwie viel zu zielorientiert, weil man die sexuellen Absichten irgendwann offenlegen musste. Fast so, als brächte man seinen Sturzhelm zum Motorradfahren mit oder seinen Sattel zum Reiten.

Und Frauen, die immerwährend passiven Prinzessinnen an der Sexfront, mochten vor dreißig Jahren nicht mit der Tür ins Haus fallen – der uralte Hauch von aktiver, männerverzehrender, loser Sünderin ließ sich nicht in einer Generation wegwedeln.

Ich selbst hatte nie ein Kondom in der Hand oder der Tasche gehabt, bevor ich Anfang vierzig war. Das waren für mich seltsame und irgendwie auch unappetitliche Dinger für altmodische ältere Leute.

Mir war nämlich Glück mit vielem beschieden, was sich in den Sechzigerjahren als perfektes Timing herausstellte. Seit ich neunzehn war, nahm ich die gerade neu erfundene Pille, die frischen, spontanen Sex zu jeder Zeit möglich machte – ohne jegliche Diskussion über Verhütung, lästige Unterbrechung und vor allem ohne Angst. Was für ein Geschenk!

Aids gab es nicht, Geschlechtskrankheiten kannte ich nicht wirklich, also blieb nur das Schreckgespenst der ungewollten Schwangerschaft. Und das war verbannt worden.

Später verliebte ich mich einmal in einer Pillenpause – mit dreiundvierzig. Aids war in unser aller Leben getreten, es wurde wie verrückt für Kondome geworben (natürlich nicht vom Papst!), und glücklicherweise war ich inzwischen versiert und reif genug, um mit ihnen spielerisch und locker umzugehen und sie jedem überzuziehen, der keine Zicken machte.

Ich mag sie heute immer noch nicht, auch wenn sie spaßig, bunt und geschmacksverbessert angeboten werden.

Also gucke ich mir informationshalber im Drogeriemarkt das Sortiment an Hygieneartikeln an: Da hängen sie zum Greifen nah, für jung und alt, mit so lustigen Namen wie *Billy Boy*, *Ramses* und – besonders faszinierend – *Condomi Fruit & Color*. Der Hersteller ist … äh … Klosterfrau.

Ist das nicht die altehrwürdige Firma, die den Melissengeist für unsere Großeltern herstellte, und den wir vielleicht bald alle brauchen?

Es gab eine Zeit, da konnte man dem strengen Apotheker Präservative nur mit Rotwerden und Räuspern und unter Vorlage eines Personalausweises (nehme ich an) entlocken, wenn man als junger Mann zu jung aussah. Frauen kauften natürlich keine. Der Penis und sein Zubehör waren eine rein männliche Domäne, so wie Tampons und Binden eine rein weibliche waren.

Heute kaufen Männer und Frauen offen und fröhlich Hygieneartikel von Tampons bis Dildos im Supermarkt. Also, *Billy Boys*, kommt in meine Tasche.

Irgendwie grinsen musste ich dann doch, als ich nach Hause ging. Wer weiß, ob und wann die Boys zum Einsatz kommen.

Gepflegte Langeweile

Ganz sicher nicht bei Jürgen, auf den ich bei einer Schale experimentell wirkender, neuer grüner Teesorte in einem Café wartete, während ich irritiert ein Paar mit einem brüllenden Kleinkind dicht neben mir beobachtete. Wie es dieser Tage so üblich ist, dürfen ja Babys, Hunde, Elefanten, Fahrräder und was nicht alles überall mit dabei sein in Deutschland, besonders in engen Cafés.

Jürgen und ich hatten einen eher wortkargen Mailwechsel gehabt.

»Wie geht's?«, wurde gefragt und »Wir können uns ja mal treffen« vorgeschlagen.

Also keine aufflackernde Leidenschaft und nicht jugendfreie Fantasien von unaussprechlichen Sexualakten, die Schlagsahne, Kokain und Strapse einschlossen sowie den nicht einzudämmenden Drang, sich augenblicklich zu sehen. Aber nach Mario dachte ich: Warum nicht einen ganz normalen netten Typen treffen?

Dann hatten wir zweimal telefoniert, und Jürgen sprach wunderbar lang gezogen Hamburgisch, angesiedelt in der Uwe-Seeler-Schule des Sprachmusters: »Also, woll'n ma so sogen, nä?«

Das Foto hatte einen großen Kopf mit viel üppigem und lockigem Haar gezeigt, seitlich grau, obenauf mit diesem Rotstich, der von getöntem Haar herrührt, und diese etwas aufgerissenen Kinderaugen, die zu fragen schienen: »Was ist los? Wo bin ich? Wer bin ich? Bitte seid lieb zu mir.« Um die Lippen lag ein ganz winziges unsicheres Lächeln. Aber irgendwie sympathisch. Was weiß ich, warum wir ein Gesicht als nett empfinden.

Jürgen hatte angegeben, auch freiberuflich im Künstlermilieu tätig zu sein – wollte aber nicht konkret mit der Sprache herausrücken.

Karen riet mir von ihm ab: »Der hat doch kein Geld! Ich würde die armen Schlucker sausen lassen. Geld macht Männer in unserem Alter einfach attraktiver. Aber vielleicht ist er ja der Kracher im Bett, das würde einiges ausgleichen.«

Zumindest ist er in der Tat, so wie angegeben, ein großer kräftiger Mann von einem Meter siebenundachtzig in schwarzem Mantel, schwarzem Hemd und schwarzen Jeans. Er guckt mich mit diesem unsicheren und doch treuherzigen Blick an. Sein wildes Haar ist leider einem schnippelfreudigen Friseur zum Opfer gefallen und legt sich kurz und zahm kringelnd wie eine sorgfältig ondulierte Alte-Damen-Frisur um sein rundes Gesicht. Vielleicht ist er extra meinetwegen zum Haareschneiden gegangen, weil er »anständig« aussehen wollte?

Ich bin nicht völlig immun gegen große Männer, auch wenn zwei meiner wichtigsten Freunde ein paar Zentimeter kleiner als ich waren. Was für mich überhaupt kein Problem war – für sie aber schon.

Vor einem Jahr trat dann ein alter und körperlich recht kurzer Bekannter wieder in mein Leben und fand mich plötzlich sehr attraktiv. Weshalb er mich mehrere Male zu recht schicken Partys und offiziellen Anlässen einlud. (Er ist ein Star-Anwalt.)

Damit ich auf keine dummen Ideen kam, befahl er mir per Mail zweimal am Tag der jeweiligen Veranstaltung, absolut flache Schuhe anzuziehen. Eigentlich sehr kindisch für einen gleichaltrigen Mann, ich fand es zumindest komisch. Da ich relativ groß bin und gern zügig gehe, besitze ich keine echten High Heels, nur gemäßigte Hacken. Es bestand also keine Gefahr für »Liliputman«.

Für einen Moment kam das Biest in mir hoch und ich dachte: Jetzt leihe ich mir ein paar richtig schöne hohe Plateausohlenschuhe.

Doch meine eigene Bequemlichkeit gewann. Er kriegte seinen Willen und legte immer sehr glücklich seinen Arm – etwas mühsam – um meine Schulter.

Etwas Ernstes oder Aufregendes ist aus diesen flachsohligen Rendezvous trotzdem nie geworden. Warum wollen Frauen größere Männer? Schutzsuche, sagt man, und Aufschauenwollen, also die niedliche anlehnungsbedürftige Frau spielen, die sich in seine Armbeuge schmiegt und das Kinn hochreckt, während sie ihn bewundernd anhimmelt. So wie in dem schönen berühmten Paarfoto von einer besonders mädchenhaften Marilyn Monroe mit ihrem dritten Ehemann, dem baumlangen Arthur Miller.

Warum bin ich nicht zu Hause im Bett geblieben und habe Zeitung gelesen – es ist nämlich Sonntag – und mir einen saugemütlichen Vormittag gemacht?, schießt es mir durch den Kopf. Man weiß nämlich schon nach fünfundzwanzig Sekunden, da gibt es genügend wissenschaftliche Studien, ob die Chemie stimmt.

Es empfiehlt sich sowieso, beim Daten schon vorher Plan A und Plan B zu machen. A für den Fall, dass er ein toller Fang ist. B für den höflich schnellen Abgang bei Schnarchfaktor eins.

»Mmh, guter Tee«, breche ich gewagt das Eis, er hat auch welchen bestellt.

»Meiner auch«, antwortet er, und schon sind wir bei seinem liebsten Thema – dem Tee. Er weiß über die verschiedensten Sorten so gut Bescheid wie ein Teepflücker in Darjeeling und verrät mir, wo man den billigsten *First-flush* vom Importeur kriegt. Das ist nett und auch hilfreich, denn ich trinke gern Tee, aber mein Fuß fängt an dem übergeschlagenen Bein an zu wippen, ohne dass ich es sofort merke – das alleruntrüglichste Zeichen, dass ich ungeduldig und gelangweilt bin.

Ich will endlich wissen, welchen künstlerischen Beruf denn Jürgen ausübt. Er druckst ein wenig herum, starrt mich an und sagt: »Na ja.«

»Na, irgendeinen Beruf hast du doch sicherlich?«, insistierte ich.

»Eigentlich bin ich Elektriker, aber dann habe ich viel mit Kabeln zu tun gehabt und war öfter beim Fernsehen beschäftigt. Mit der Beleuchtung!«

Jetzt ist es heraus. Also Beleuchter. Dessen muss man sich doch nicht schämen! Im Gegenteil.

Die Unterhaltung plätschert quälend dahin, doch dann kommt er mit der besten Geschichte aus der Datingszene, die ich je gehört habe. Ich hatte ihn gefragt, was er denn bisher so für Frauen getroffen habe.

Da war vor zwei Jahren, als er anfing, eine Ukrainerin. Sie war hübsch, man kommunizierte gebrochen, und nach zwei Mails rückte sie mit der Wahrheit über ihr wirkliches

Begehren heraus. Vielleicht war sie auch eine Stand-up-Komödiantin, die Spaß hatte, ausländische Männer an der Nase herumzuführen. Denn es waren keine sahnigen Trüffel oder ein Paar sündige Sandalen in Gold von Manolo Blahnik, sondern eine Ladung Brennholz, die sie geschickt haben wollte, das sei sehr knapp dort im russischen Winter.

Jürgens große Kinderaugen sind ohne schalkhaftes Blinzeln, also stimmte es.

»Nein, das kann nicht sein«, rufe ich aus.

»Doch, wirklich«, beteuert er ernst.

Das ist das Highlight mit Jürgen und ein wirklich komisches, und das bleibt es auch in den verbleibenden dreizehn Minuten unseres dynamischen Dates.

Jürgen guckt mich ununterbrochen mit seinen runden Augen an, ein bisschen wie ein netter Hund, dem man einen Knochen versprochen hat und der erwartungsvoll darauf wartet. Er tut mir leid. Es ist schwer als Mann (sicher auch als Frau), so gar kein Talent für Konversation zu haben.

Ich aber will nur weg. Auf dem Weg nach Hause beschließe ich, keine Männer nur wegen ihrer Locken zu treffen.

Später finde ich heraus, dass es ganze Websites nur für datende Damen aus der Ukraine gibt. Entweder gibt es zu viele davon, sie haben etwas, was der Rest der Frauen nicht hat (außer Brennholz), oder es handelt sich um einen geheimen Sexcode, den ich in meiner Naivität nicht kenne.

»Die wollen alle einen alten reichen Deutschen heiraten oder anderweitig abzocken, Dummchen, und dann mit viel Gold und Nerz behängt, dickem Make-up und blond gefärbt ein Leben wie in einem Lady-Gaga-Video führen«, klärt mich Sarah auf.

Was stimmt nicht mit mir?

Ich fühle mich schon wieder leicht deprimiert nach so einem völlig überflüssigen Date. Es kommt eine gewisse Verzweiflung durch, und sie erinnert mich daran, dass ich tatsächlich Single bin und mich um einen Mann bemühe. Per Internet. Peinlich. Das kann doch nicht klappen.

Natürlich misstraue ich den vielversprechend aussehenden und sich anhörenden Männern, und unausweichlich entsteht ein typischer Dialog in meinem Kopf: »Wenn er so ein toller Mann ist, warum sucht er eine Frau im Internet?« – »Warum nicht, du tust dasselbe und bist toll«, wäre theoretisch die richtige Antwort und *nicht* eine typische Eigensabotage wie: »Ich würde nie einem Club beitreten, der mich als Mitglied nimmt.«

Das sagte bereits der legendäre Komiker Groucho Marx, und Woody Allen stimmte ihm zu – sicherlich auch Donald Duck, die von Selbstzweifeln geplagte Ente.

»Was stimmt nicht mit mir«, fragt obendrein die kleine nagende Stimme, die niedliche Kinderschuhe trägt und nicht den Mund halten will, »dass ich mich für Geld anbieten muss?« (Elite und Parship sind nicht billig!)

Karen jedoch sieht das ganz anders.

»Also, eigentlich finde ich es toll, wie du das so routiniert einfädelst mit dem Treffen von Männern und all den Mails«, gesteht sie, die auch seit einem Jahr Single ist und vierundfünfzig wird. »Ich könnte das nicht.«

Sie will es aber auch nicht, hat sie mehrmals erklärt, sie sei alles andere als an einer neuen Beziehung interessiert.

Die Flirtschule des Lebens

Zu flirten und einen Mann anzusprechen kann man lernen, muss man aber üben. Als ich sehr jung war, sprach ein Mädchen keine Jungs und Männer an, sie bekam sie durch gewisse Blicke dazu, sie anzusprechen. In dem Fall tat sie dann völlig desinteressiert oder empört, bebte aber innerlich vor Aufregung. Auch wenn in den späten Sechzigern die neue, lockere Moral zelebriert wurde, so waren doch die Bausteine für eine geradezu professionelle Schüchternheit viel früher gelegt worden.

Meine Mutter gestand mir einmal, dass sie es leider nie geschafft hat, einen Mann anzusprechen – obwohl sie zwanzig Jahre lang Single war und viele Verehrer hatte. Sie schaffte es nicht einmal, sich von freundlich lächelnden Gentlemen in Cafés auf einen Kaffee einladen zu lassen. Alles reine Erziehungssache.

Auch ich war mit vierzehn ziemlich schüchtern, aber einfallsreicher als meine Mutter. Meine geheimen Ausflüge in die Welt des Flirts und der Aufmerksamkeit von Jungs fingen auf dem lokalen Jahrmarkt an, auf den ich eigentlich nicht gehen durfte. Man fuhr kreischend im Autoscooter, rempelte damit Jungs wie aus Versehen an oder stand an den Karussells herum, während man mit den Fingern zu den amerikanischen Fünfzigerjahre-Rocksongs schnippte und so tat, als wäre man cool und unnahbar.

Außer Blicken, einem lässigen Kopfnicken oder einem »Hallo« wurde nicht viel ausgetauscht.

Es lag eine süße Aufregung und Erwartung in der Luft, bald, schon bald würde man die jugendliche Unschuld hinter sich lassen, die Geheimnisse der Sexualität enträtseln und das Spiel der Geschlechter mitspielen können.

Auch Verabredungen gab es noch nicht wirklich. Man guckte sich in der Klasse oder auf dem Schulhof an, kam mit dem Jungen der Wahl öfter ins Gespräch, und dann fragte auch schon eine Freundin kichernd: »Gehst du mit dem?« Und das war wortwörtlich zu nehmen: Man schlenderte zusammen mit einem Jungen nach Hause, von der Schule oder vom Sport, er kam natürlich nicht mit herein, und traf sich vielleicht später in der Eisdiele.

Partys gab es nicht, bevor ich sechzehn war, und wenn ich bis zweiundzwanzig Uhr ausgehen durfte, dann waren das zwar sehr lustige, aber brave Angelegenheiten mit netten Jungs und Cola-Rum, die ich nicht trank, denn ich mochte keinen Alkohol. Von Drogen hatte noch keiner etwas gehört.

Dazwischen gab es Tanzstunden, das Grausen jedes als hip gelten wollenden Teenagers. Oberspießige, schrullige Tanzlehrer beiderlei Geschlechts, die aussahen, als wären sie beim Dorftanzturnier als Schlusslicht durchgegangen, versuchten Foxtrott, Walzer und Rumba in die meist unbeholfenen Körper der Tanzunwilligen zu hämmern.

Leider musste man sich von den Jungs mit den feuchten Händen offiziell angrabbeln lassen, und ich weiß noch, wie mein Rücken immer steifer wurde, wenn Harald, angetan mit einem Konfirmationsanzug aus mausgrauem Trevira, mit seinen suchenden Griffeln fest meine Taille umschloss.

Von Sex konnte in diesen Jahren gar keine Rede sein. Es wurde noch nicht einmal darüber gesprochen. Irgendwie ging man als Jungfrau in die Ehe, dachte man vage.

Ich fand das auch richtig so – nicht nur aus moralischen Gründen, sondern aus Angst vor Schwangerschaft. Denn ohne die Pille hatten Gesellschaft und Eltern die größte Angstwaffe in der Hand: unerwünschte Babys!

Ich erinnere mich noch an meinen ersten richtigen Schwarm mit vierzehn, dessentwegen ich kurzzeitig zur Stalkerin wurde. Ich hatte ihn im Park bei meinen Großeltern um die Ecke gesehen und war sofort verliebt, denn er war der neue Typ Junge, den ich mochte. Er trug Jeans, eine braune Wildlederjacke, Rollkragenpulli und hatte modern geschnittene, kurze Haare ohne Scheitel, die etwas nach vorne gekämmt waren.

Nun begann eine mehrere Wochen andauernde Show von mir, die mit häufigen Besuchen bei meiner überraschten Oma verbunden war. Kaum dort, musste ich plötzlich unbedingt aus dem Haus, um Taschentücher, neue Perlonstrümpfe (wegen einer Laufmasche) oder ein Heft für die Schule zu kaufen.

Ich ging schnurstracks in den Park und hoffte, dass *er* auch da war, denn die jungen Leute (so nannte man uns) waren gern in den Parks. Immer wenn ich ihn sah – auf der Bank sitzend, im Gespräch mit einer Gruppe –, ging ich wie zufällig an ihnen vorbei. Ich weiß, dass er mich auch sah, denn beim dritten Spaziergang, bei dem ich es wagte, mich selbst salopp auf eine Bank zu setzen und in die Luft zu starren, kam er zu mir und fragte: »Wohnst du hier?«

Wow, ziemlich mutig!

Wir redeten ein wenig, er hieß Klaus und war Lehrling im Eisenwarenladen. Ja, und nun? Adressen- oder Telefonnummernaustausch kam nicht infrage. Meine Mutter überwachte alle Telefongespräche, und ein Klaus, der mich anrufen würde, hätte zu viele Fragereien zur Folge. Ich wusste, das war's irgendwie, aber mein Herz schmerzte.

Als wir bald darauf in der Klasse aufgefordert wurden, eine Zeichnung unserer Wahl zu machen, zeichnete ich ihn aus dem Gedächtnis, mit Jeans, Lederjacke und allem Drum und Dran. Ich glaube, ich verpasste ihm einen ziemlich seelenvollen Ausdruck mit gerunzelten Brauen, ein bisschen wie James Dean. Die Zeichnung kam in eine kleine Ausstellung in der Pausenhalle, und ich war ziemlich stolz.

Ich habe Klaus nie wiedergesehen!

Wie bastele ich mir einen Mann?

Weil nichts los ist, mache ich mir eine Wunschliste mit den drei Männertypen, die mir bekannt sind: Künstler, wohlhabender Gentleman, Akademiker.

Wir teilen Männer ja in verschiedene Kategorien ein, und zwar je nachdem, aus welcher Gesellschaftsschicht *wir* kommen. Und immer, wenn uns ein Typus besonders exotisch und unerreichbar vorkommt, dann romantisieren wir ihn.

Als mögliche Option überlege ich mir deshalb den Arbeiterklassen-Sexmeister, den ich zwar noch nie getroffen habe, aber der mir manchmal à la Hollywood im Kopf herumspukt. Er steht auf dem Bau mit der Kelle oder dem Hammer in der Hand – oder was Bauarbeiter so in der Hand haben. Toller, muskulöser nackter Torso (es ist Sommer!), vielleicht ein geripptes Unterhemd, so wie sie nur Proleten anhatten, als ich Kind war, auf die schmalen Hüften runtergerutschte verwaschene Jeans, klobige Stiefel, ein Schutzhelm auf dem blonden Pferdeschwanz. Wir treffen uns zum Bier, sitzen auf der Treppe vor meinem Haus und machen begrenzte Konversation, aber später im Schlafzimmer, oh là là, da wird geschwitzt und es fallen blitzschnell Hüllen und Konventionen …

Als eine von Kind an große Träumerin mit einer blühenden Fantasie, deren wichtigste und geheimste Gefühle oft im Dunkeln eines Kinos über die Leinwand ausgelebt wurden, will ich auch im Leben die großen Themen am liebsten in einer unterhaltsamen, spannenden Story präsentiert kriegen.

So hoffte ich bei meinem Dating-Projekt, das man »Fremde Männer suchen fremde Frauen« nennen könnte, auf herrlich dekadente Lügen, Fantasien, Geheimnisse und deren Enthüllungen. Also auf Dinge, die in der Online-Dating-szene einen wunderbar fruchtbaren Boden vorfanden.

Und ich, ich war ja eine Art Betrügerin. Ich war nicht, wer ich vorgab zu sein. Was eigentlich egal ist, denn der Moment, in dem man sich trifft, ist immer ein Überraschungsmoment, keiner weiß, was passieren wird. Das Spiel fängt erst da an.

Es gibt ein paar witzige ältere Filme, in denen es um sogenannte »Bräute auf Bestellung« ging. Das waren Bräute, die wegen großer Entfernung von der Zivilisation und der damit verbundenen Frauenknappheit von männlichen Abenteurern ganz einfach per Post bestellt wurden oder von vertrauenswürdigen Vermittlern verscherbelt wurden. (So neu ist die Idee von Partnervermittlung also nicht.) Cowboys, Seefahrer, Plantagenbesitzer, Missionare in China, all diese Pioniere brauchten Frauen. Für Sex, Kinderkriegen, Haushaltsführung. Also wie immer.

Am schönsten finde ich den Film *Das Piano* (von Jane Campion) und den ziemlich unbekannten Streifen *Das Geheimnis der falschen Braut* (von François Truffaut). Im *Piano* bestellt sich ein ziemlich steifer Neuseeländer in den späten 1890ern die stumme, extrem eigenwillige Adele als Frau, um in der Einsamkeit des Urwalds einen warmen Körper zur Verfügung zu haben, und verlangt dafür, wie sich zeigt, unbedingte Unterwerfung. Dass die renitente Ex-Pianistin mit einem riesigen Piano und einer kleinen Tochter ankommt, ahnt der achtbare Herr nicht. Noch weniger, dass sie sich von einem ungezähmten, im Gesicht tätowierten Eingeborenen ausziehen und wundervoll verführen lässt. Das Dating-Café hätte der Pianistin sicherlich zu dem biederen Sam geraten.

Vielleicht wollte ich insgeheim auch so einen tätowierten Mann, der wenig spricht, vor Männlichkeit strotzt, in sich selbst ruht und seinen Wurzeln treu bleibt?

Weiber sind eben ein romantisches Volk! Und dazu ein verlogenes, berechnendes, das den Mann an den Rand des Abgrunds zerrt und ihn sogar oft in denselbigen hinabstößt.

Die falsche Filmbraut in dem Truffaut-Streifen dagegen, gespielt von einer jungen Catherine Deneuve, repräsentiert die Gefahr, die von Liebe und Sex ausgeht, und das in diesem Fall tödliche Geheimnis, das vertauschte oder erlogenen Identität bergen kann.

Ein reicher Geschäftsmann bestellt sich eine Braut, die mit dem Schiff ankommt, von großer Schönheit und sehr mysteriös ist. Er verliebt sich unsterblich in sie, aber eines Tages ist sie weg! Mit seinem gesamten Vermögen. Er sucht sie überall und findet heraus, dass sie nicht die ist, für die sie sich ausgab.

Vielmehr hatte sie die echte Braut ermordet und ihre Stelle eingenommen. So etwas kann schon mal passieren, besonders wenn der männliche Part verbrieftermaßen mehrfacher Millionär ist.

Ob ich wohl auch einmal so einen sexy Millionär wie in dem Film treffen würde, den ich ausnehmen und reinlegen konnte?

Sicher nicht im Internet. Ich checke die Angebote und meine Mails.

»Klau mir mein Herz, ich raub dir den Verstand«, verspricht ein zweiundfünfzigjähriger *herzbub*. Das hört sich wie ein unfairer Deal an. Kommt nicht infrage.

»Ich möchte noch mal Schmetterlinge oder Flugzeuge im Bauch spüren«, wünscht sich *youngatheart56*. Oje. Am besten, je eins davon verschlucken, nehme ich an. Das müsste den gewünschten Effekt haben.

Schoengeist12 – er steht in der Skijacke vor den Bergen – schickte mir diese Perle schwülstigen Schwachsinns, den er ohne Zweifel in der Beratungsfibel *Wie gewinne ich als Schmalz-Poet leicht begeisterungsfähige Frauen im Internet* abgeschrieben hat: »Mit einer Metapher an die Liebe möchte ich Deine Seele berühren, den Strand des Lebens, an den der Ozean des Schicksals unermüdlich neue Dinge an Deine Seele spült. Es können neue Menschen sein, denen Du begegnest, Worte und Weisheiten, Erlebnisse, Gedanken. Wie Muscheln liegen sie an Deinem Strand, warten darauf, von Dir gefunden zu werden …« Blabla und so weiter.

Die Weisheiten, die ich am Strand und im Internet entdecke, sind nicht neu: Nicht nur die Hoffnung stirbt zuletzt, auch der Wunsch nach der Traumfrau. Männer suchen mit großer Akribie und Fantasielosigkeit das liebenswerte, humorvolle, tolerante, warmherzige, unkomplizierte, auch ruhig intelligente, schlanke, hübsche Wunderwesen, das genug an Wunder glaubt, um einem *loveboy* mit dem Motto »Deine Lust ist mir wichtig, meine steht an zweiter Stelle« zu antworten. Von mir wird er nichts hören.

Besser ohne Internet?

Jetzt reicht's! Es muss einen anderen Weg geben.

Ich frage wieder mal meine verheirateten Freundinnen – ich weiß nicht zum wievielten Mal: »Kennt ihr wirklich keinen ledigen, interessanten und intelligenten Mann, der es mit mir aufnehmen könnte?«

Als Antwort gibt es darauf wie immer nur ein paar unnatürliche Lacher und bedauerndes Kopfschütteln. Mir kommt es vor, als würde ich sie nach einem zwei Meter achtzig großen, Porsche fahrenden Goldhamster im Armani-Anzug fragen, der perfekt Saxofon spielt, Muffins backen kann, Farsikenntnisse und einen Doktorgrad in Philosophie besitzt.

Man darf generell nicht zu viele aufregende Tipps oder Vorschläge von lang verheirateten Freunden erwarten. Sie leben auf dem Eheplaneten, und das ist der spezielle Ort der wohlbekannten Routine, ein bisschen wie das Schlaraffenland, nur mit hübsch angestrichenen Gitterstäben, der vor äußeren Einflüssen beschützen soll. Dort geht es sehr eingespielt und leicht betäubt zu, deshalb haben sie ihr ehemaliges Singledasein komplett vergessen.

Es sind sehr gemischte Bilder, wenn ich mir Ehepaare um die sechzig angucke, die noch zusammen sind. Ich habe öfter ein Gefühl von Versäumnis bei den Frauen entdeckt, die ihr Leben lang bedauern, dass sie sich mit dem zufriedengegeben haben, was gerade da war, weil sie nicht glaubten, dass sie mehr und etwas Besseres verdienten.

Ich glaube, wir vergessen bei unserer Suche häufig, dass nicht alle Frauen (und Männer) eine große Liebe finden, sie dann auch heiraten *und* mit ihr glücklich sind. So sitzen sie häufig da mit ihrem Partner und haben Ausbruchsfantasien – so wie Sträflinge. Deshalb beneiden sie uns Single-Frauen öfter, als sie zugeben.

Das ist auch der Grund, warum Singles nie zu Paarveranstaltungen eingeladen werden: Weil sie Freiwild sind und selber frei wildern könnten – wenn sie wollen. Es sind die Ehefrauen, nicht die Ehemänner, die ungebundene Frauen, auch wenn es gute Freundinnen sind, nicht dabeihaben wollen. Ich werde also ohne ihre Hilfe auskommen müssen. Bin ich ja bisher auch.

Wo habe ich eigentlich meine Lieblingsmänner damals in den Steinzeitalter-Zeiten kennengelernt?

Den ersten bei der Arbeit, als ich als rasende und unterbezahlte Jungreporterin bei der Zeitung arbeitete. Der Arbeitsplatz ist ein sehr guter Platz zum Kennenlernen, denn dort kann man jemanden bei etwas beobachten, das er liebt oder gut kann. (Man sieht, ich bin aus einer anderen Generation, in der es solche naiven Motive noch gab.)

Auch den zweiten Mann traf ich beim Job, aber das war's dann so ziemlich, was den Arbeitsplatz angeht. Der Rest verteilte sich dann auf so exotische und inspirierende Orte wie eine WG, den Amerikaurlaub, und ja, Partys, immer wieder Partys.

Man könnte sagen, dass ich ein Partygirl war, denn die letzten drei Dekaden waren sehr auf Musik und Tanzen ausgerichtet. Ich finde Tanzen und Körperbewegung, Sinn für Rhythmus und Musikalität enorm wichtig. Für einen wirklich dummen, aber guten Tänzer lasse ich jeden ungelenken, wenn auch faszinierenden Intellektuellen sausen.

Ich habe mich schon kurzzeitig in einen tollen Tänzer verliebt, weil wir so wunderbar wild gerockt und gerollt, uns an Tango und Salsa herangewagt haben und bei Reggae und Soul so viel Spaß hatten, dass unsere Herzen und Körper sich zuflogen, wortwörtlich. Aber das ist schon eine Weile her.

»Du weißt doch, wie Ehefrauen sind, das kannst du vergessen«, sagt Toni, die das Paarproblem kennt. »Du kommst doch gut mit jungen Männern klar. Wieso triffst du dich nicht endlich mal mit einem von denen anstatt mit diesen ollen Losern!«

Natürlich hat sie recht.

Das Alter ist nur eine Zahl

Ich gehöre zu den Frauen, die sehr viel jünger aussehen, als sie sind, und deshalb machte ich mich immer zwei Jahre älter, bis ich sechsundzwanzig wurde. Mein dreißigster Geburtstag erschien mir wie eine Teenagerparty. Albern und idealistisch, lachend und tanzend wollte an dem Tag kein bisschen »Erwachsenheit« in mir aufkeimen. Und noch als Zweiunddreißigjährige auf einer Reise durch Amerika musste ich im Supermarkt meinen deutschen Pass zeigen, weil ich mit meinem Freund Wein kaufen wollte.

»Are you over eighteen?«, fragte die Kaugummi kauende Kassiererin, und ich prustete los. Halb geschmeichelt, halb empört. Ich trug Zöpfe und Latzhosen im Hippie-Stil, daran muss es gelegen haben.

Gleichzeitig wollte ich unbedingt »reif« aussehen, weil ich das mit »interessant« verband, und sehnte mich nach diesem gewissen Gesicht, zu dem einem nicht unbedingt Worte wie niedlich, hübsch oder bezaubernd einfielen.

Das Gesicht habe ich heute wohl mehr oder weniger.

Was mir in den Internet-Singlebörsen ziemlich schnell auffiel, war die Tatsache, dass über die Hälfte der Anfragen von jüngeren Männern kamen. Drei Jahre jünger ist ja ziemlich normal, aber zehn, zwanzig und dreißig Jahre jünger?

Was ist los? Ist Knappheit unter den jungen Frauen ausgebrochen? Bin ich so heiß und unwiderstehlich, oder hat sich das Sex- und Partnerschaftsmuster tatsächlich gelockert und gewandelt und den Realitäten der sich stark geänderten Frauenrollen angeglichen?

»Ach, Alter ist doch nur eine Zahl«, wurde ich belehrt, wenn ich auf Anfragen von Männern Anfang vierzig so Sätze schrieb wie: »Bisschen jung, oder?«

Zugegeben, nicht irrsinnig originell.

»Können Sie sich auch vorstellen«, plötzlich wurde ich gesiezt, sehr interessant, »mit einem jungen Mann etwas anzufangen?« Das fragten mich zweimal Dreißig-Plus-Männer.

Logisch kann ich das. Und habe es auch getan.

Die Sache ist nämlich die, ich gehöre zu den älteren Frauen, die immer schon auf jüngere Männer gewirkt haben, und zwar ohne dass ich es je darauf angelegt hätte.

Als ich fünfundzwanzig war, verliebte sich ein Zwanzigjähriger unsterblich in mich und ich mich in ihn. In dem Alter ist daran natürlich nichts wirklich Sonderbares. Man ist jung, frisch, sexy, gierig nach Lust, Liebe, Berührung. Die Körper sind makellos, die Gesichter faltenfrei, die Seele noch relativ unversehrt und das Herz höchstens ein-, zweimal gebrochen.

Man taucht ineinander ein wie in einen See, jappst und schüttelt sich hinterher wohlig wie ein Hund am Strand. Als wir uns einmal lachend im Bett herumrollten, sagte er nur halb im Scherz, und seine stahlblauen Augen hatten einen schwärmerischen Glanz: »Ich liebe ältere Frauen.« Das hörte sich für meine fünfundzwanzig so komisch an, dass ich noch mehr lachte.

Ich hatte im Alter zwischen fünfunddreißig und fünfzig Jahren mehrere Liebschaften mit drei bis zehn Jahre jüngeren Männern, aber richtig interessant wurde es erst später.

Als ich zweiundfünfzig Jahre alt war, verliebte ich mich in einen vierzehn Jahre jüngeren Mann, der mich mit so viel Witz und flammendem Begehren verfolgte, dass ich nicht Nein sagen konnte und wollte. Wir waren ein dynamisches Paar, Seelenkameraden und doch Feinde; es gab viel Sex, viel Wut, viel Zank und Streit – und eben auch irre viel Spaß und viele Momente von echtem Glück. Doch oft waren wir ein bisschen wie böse Kinder, die sich grausam verletzen, ohne zu wissen warum und ohne sich die Konsequenzen auszumalen. Trotz der Differenzen hatten wir eine fünf Jahre andauernde Beziehung, die zu den wichtigsten in meinem Leben gehört.

Das Alter spielte tatsächlich keine Rolle, was die Äußerlichkeiten anbetraf, aber ich wusste, dass es meine Lebenserfahrung und meine Überlegenheit waren, die mich davor schützten, ihm mit Haut und Haaren ausgeliefert zu sein. Er war wirklich gefährlich, aber das war es wohl, was ich wollte und brauchte.

Und nun sind sie wieder da, die jungen Männer.

Es wird in letzter Zeit sehr viel von den sexy reifen Frauen von fünfzig aufwärts geschwärmt, als hätte es sie vorher nie gegeben. Hat es auch sehr selten in dieser Form.

Vor nicht allzu langer Zeit nannte man uns »Frauen in einem gewissen Alter«. Das gewisse Alter schien unaussprechlich – es besagte, dass eine Frau nicht mehr begehrenswert war, also ihre wichtigste Rolle verloren hatte und jetzt wie ein reduziertes Halbwesen durch eine asexuelle Schattenwelt geisterte. Heimlich bemitleidet, oft auch belacht, aber nie ernst genommen. Die nächste Stufe war das Dasein als Matrone oder ältliches Fräulein, wobei dreißig und unverheiratet als absolut alarmierender Zustand erschien und das Eintreten in ein Kloster als gute Alternative zu einer traurigen Existenz ohne Mann galt.

Natürlich setzten zu allen Zeiten auch Frauen über vierzig die Fantasien der Männer in Brand, weil sie ohne Frage auch sinnlich und erotisch, also überaus gefährlich zu sein schienen. Mit ihren wissenden Augen und einem geheimnisvollen Lächeln um die Lippen projizierten sie eine erlebte Sexualität, die errötende Jungfrauen nicht liefern konnten – und sollten.

Die heutige »Frau in den besten Jahren« – hier scheint der Ausdruck zu passen – ist um vieles selbstbewusster, finanziell unabhängiger und besser aussehend denn je. Dazu erotisch, sinnlich, gelassen, souverän, humorvoll und großzügig auf ganzer Linie, was die logische Folge eines reichen, voll ausgeschöpften Lebens ist – im Idealfall.

Man stößt natürlich auf die immer wieder neuen Versuche, ältere Frauen zu glamourisieren, indem man Celebrities herausstellt, die hot *und* alt sind: Helen Mirren und Diane Keaton, Goldie Hawn, Meryl Streep und Catherine Deneuve, alle über sechzig, oder die jungen Hühner wie Madonna (einundfünfzig) und Demi Moore (sechsundvierzig).

Aber nicht alle haben blutjunge Jungs, die sie neckisch greifen, küssen und aushalten können wie die letzteren beiden, die reich und berühmt sind. Vergessen wir nicht die vielen Millionen älterer Frauen, die weder Geld noch Glamour noch einen tollen Job oder schicke Klamotten haben – noch sonst irgendetwas, was in Lifestyle-Magazine passen würde. Die müde und desillusioniert sind, kämpfen müssen und weniger an Verabredungen denken als an ihre bescheidenen Renten, die sie dahinschwinden sehen.

Eine Gisela Timm, vierundfünfzig und ehemalige Kassiererin aus Worms, Kettenraucherin und Hartz-IV-Empfängerin mit Übergewicht, empfindet bestimmt nichts an sich als supersexy, und Eddie, ihr Freund und LKW-Fahrer, eigentlich auch nicht.

In Amerika, wo aus jeder noch so kleinen Entdeckung sofort ein großartiger Trend gemacht wird, hat man längst ein neues tolles Tier entdeckt. Haben Sie schon mal von *Cougars*, also Pumas, gehört? Das sind eigentlich Raubkatzen mit vier Pfoten. Aber seit einiger Zeit gibt es eine zweibeinige *Cougar*-Bewegung in Amerika, zu der ältere Frauen gezählt werden, die sich mit einem gezielten Tatzenhieb jüngere Männer in ihre samtgepolsterten Raubhöhlen holen und dort genüsslich – zur Begeisterung der Jungmänner – vernaschen.

Das ist natürlich alles Blödsinn und reine Marketingstrategie. Die Idee des wehrlosen Opfers und der Jägerin spielt eben mit den Urbildern von Unterwerfung und Dominanz.

Auch Deutschland tritt inzwischen in die Tatzen dieses Trends. Die Partnerbörse Friendscout24 stellte fest, dass das Interesse an Juniorpartnern bei Frauen mit wachsendem Alter sogar steigt.

Das glaubt man gern, dass gestandene ältere Frauen sich stressfreien Sex leisten möchten. Sie brauchen keinen Mann, der sie erfüllt und aufwertet und dem sie die undankbare Rolle des Ehemanns und Versorgers aufbürden möchten. Obendrein ist erwiesen, dass sie langsamer altern als Männer, länger geistig frisch bleiben und oft im Alter unerschrockener und neugieriger werden.

Sexy Sixty und die Jungmänner

»Du siehst sehr attraktiv und interessant aus«, schrieb mir Andy. »Ich würde dich gern mal kennenlernen.«

Nun, keine besonders originelle Anmache, aber viele Menschen brillieren nicht durch verbales Feuerwerk, daran muss ich mich erst gewöhnen. Andy sieht hübsch und freundlich auf dem Foto aus, braune Augen, dunkle Haare in eine nette Jungsfrisur gekämmt, das finde ich immer rührend.

Er macht irgendetwas in der Filmbranche, was mir gefällt und nie ganz falsch sein kann, auch wenn er einen etwas unglücklichen Pulli im Streifendesign trägt, was mir nicht gefällt. Außerdem lässt er mich wissen, dass er Klavier spiele, kein Handy besitze und nicht fernsähe. Ach ja, und er ist erst dreiunddreißig.

Ich schicke Sarah das Foto.

»Der sieht doch total schnuckelig aus, mit dem triffst du dich auf jeden Fall!«, befiehlt sie.

Nach drei Mails von ihm und einem Anruf, gegen den stimmlich nichts einzuwenden ist, einigen wir uns auf sechzehn Uhr in dem Bistro meiner Wahl.

Sarah, die scheinbar nichts Besseres zu tun hat, als mich zu überwachen, sieht sofort Akte unglaublicher Verderbtheit vor sich und mailt mir, schlüpfriges Biest, das sie ist, etwas vorschnell: »Hey, du Verführerin, endlich mal wieder ein ganz junger Männerkörper unter deinen erfahrenen Händen, ich beneide dich! Denk dran, dass du das Licht nicht von oben kommen lässt – lots of candlelight. Und morgen will ich jedes schmutzige Detail wissen!«

Sie macht das sehr geschickt mit ihren Anfeuerungen, und manchmal denke ich, dass sie mich all die Sachen machen lassen möchte, die sie selber nicht wagt, aber gern täte. Sie ist nämlich seit zwanzig Jahren verheiratet!

Auch Karen, die sonst eher knapp und kühl ist, fühlt sich beflügelt, mir etwas mit auf den Weg zu geben: »Sag mal, bei dir ist ja was los. Jetzt beschäftigst du dich sicherlich mit der brennenden Frage: Wie bereite ich mich auf ein Date mit einem Jüngeren vor – totales *waxing*? Darf man einem jungen Mann sein ganzes Schamhaar eigentlich zumuten? Kleiner Scherz, aber da sch(n)eiden sich tatsächlich die Geister.«

Aber da will ich jetzt nicht hin, auf diesen Gedankenpfad.

Kümmert euch um euer eigenes Schamhaar!

Er sitzt schon da und hat, vielleicht damit ich ihn nicht übersehe, den unseligen Pulli an. Er steht höflich zur Begrüßung auf, aber an ihm ist etwas schrecklich Unaufregendes. Er guckt mich prüfend an, und ich kann nicht sagen, ob er mich mag.

Der Kellner, ein etwas gebeutelt aussehender Enddreißiger, guckt auch sehr neugierig, warum weiß ich nicht. Sieht man uns an, dass wir Online-Dater sind, oder freut er sich, dass eine Mutter ihren Sohn ausführt? Vielleicht ist die unterschwellige Frage aber auch nur: »Wie hat die den denn aufgegabelt?«

Einfach beantwortet. Ältere Frauen sind seltener als man denkt liebeshungrige Jägerinnen. Es sind oft die jungen Männer, die sich verliebt und fasziniert an die Fersen der Frauen heften, die Lebenserfahrung und Erotik in sich vereinen und sogar den Schuss Mütterlichkeit, den es ja auch dabei gibt, irgendwie sexy machen.

Natürlich gibt es auch den coolen jungen Heißsporn, der sich die erfolgreiche Gönnerin angeln will. Dazu eigne ich mich allerdings gar nicht.

Ich habe inzwischen gelernt, dass ich aufpassen muss, damit ich Männer nicht gleich total verschrecke – junge wie alte. Es ist sehr verführerisch, die souveräne Alleswisserin zu spielen, die ja die meisten Frauen über sechzig auch irgendwie sind.

Aber allzu viele Erfahrungen in fremden Ländern oder spezielle Wissensgebiete, die man vor sich herträgt wie eine extravagante Handtasche aus bunt gefärbtem Krokodilleder, verunsichern Männer sehr stark, da ihr natürliches Dominanzgebaren nicht richtig zum Zuge kommt.

Für den Anfang klappt am besten: neugierig sein, Fragen stellen, keine Geschichten erzählen. Und wenn Zweifel an der (eigenen) Attraktivität auftreten oder Falten im ungünstigen Licht eben auf ein »gewisses« Alter hinweisen, immer an Helen Mirren denken, die ihre souveräne Erotik so hinreißend vorlebt, dass sie auf uns alle ein wenig abfärbt.

Wir bestellen beide eine Pizza, und eine plätschernde Unterhaltung kommt in Gang. Wir reden zwar über das Wetter, aber ich glaube, dass wir uns beide überlegen, wie wir den wahren Grund unseres Treffens einkreisen, ohne das Gesicht zu verlieren. Theoretisch sollte das viel Spaß machen, es sollte knistern und funkeln – und das nennt man dann flirten.

Aber er hat etwas sehr Nüchternes an sich, und ich muss sagen, dass ich nicht so recht weiß, wo ich hingucken soll. Es ist keine Schüchternheit, ich mag nur nicht wirklich prüfend angeguckt werden. Von niemandem.

Ich überlege, was denn genau in dem Kopf eines jungen Mannes vorgeht, der eine zweiundsechzigjährige Frau treffen will. Wonach beurteilt er, was sie attraktiv macht? Aussehen? Kleidung? Sexuelle Erfahrung vielleicht?

Vielleicht haben all die jungen Herren den Film *Der Vorleser* gesehen, wo ein immerhin erst Sechzehnjähriger eine Affäre mit einer zwanzig Jahre älteren Frau hat (eine ehemalige KZ-Wärterin, das wünscht man nun keinem!), die im Film von der schönen, sinnlichen Kate Winslet gespielt wird. So was setzt ja Hoffnungen frei.

Noch besser ist der Film *Die Reifeprüfung*, in dem ein junger, kleiner, großnasiger Dustin Hoffman in die Fänge der älteren verheirateten Nachbarin Mrs. Robinson gerät. Die außer einem mokanten Lächeln schwarze Strümpfe, Strapse und einen echten (das durfte man noch 1968) Leopardenmantel mit passendem Hut trägt.

Sie schafft es, den willigen Welpen mit laszivem Getue und einem gewissen Befehlston zu verführen, aber es bleibt ein bitterer Nachgeschmack bei ihm. Er wendet sich der bildschönen neunzehnjährigen Tochter, die noch Jungfrau ist, zu, die er dann auch ganz schnell heiratet. Vielleicht auch, um sein verbotenes und schmuddeliges Sexleben vom Makel der Wollust reinzuwaschen. Dieses altbackene Szenario wird man heute in der westlichen Welt wohl nicht mehr häufig finden.

Vielleicht wartet Andy auf eindeutige Signale? Aber erstens bin ich zwanzig Jahre älter als Mrs. Robinson, und leider sind wir nicht in Los Angeles, wo man vielleicht bei Sonne, Palmen und Swimmingpools in rosa Villen sowieso auf andere Ideen kommt. Der Norden Deutschlands ist eher reserviert.

Außerdem hat der junge Mann den Energielevel einer Schnecke, und ich kann mir nicht vorstellen, dass ich irgendetwas von Sarahs Ratschlägen (oder Mrs. Robinsons Ideen) in die Tat umsetzen werde. Ich forsche in seinem Gesicht nach einem Glitzern in den Augen, einem auffordernden Lächeln, aber da ist nichts außer diesem wartenden Blick. Ich muss zugeben, dass ich auch nicht vor Interesse sprühe und merke, dass ich sehr viel ins Weite blicke.

Die Pizza ist fast aufgegessen und die Rettung des europäischen und amerikanischen Films auch so weit geklärt. (Einhellige Meinung: Til Schweiger wird den deutschen Film nicht retten, aber Johnny Depp den amerikanischen.) Eigentlich bleibt für mich nur diese eine Frage übrig, die ich gern beantwortet haben möchte: Was ist seiner Meinung nach die Faszination, die ältere Frauen für junge Männer haben?

Also frage ich ihn endlich.

»Ich glaube, es ist ziemlich normal, dass sich junge Männer für ältere Frauen interessieren, das gab es doch schon immer. Junge Männer spüren, dass man viel von ihnen lernen könnte, auch fürs spätere Leben und für andere Frauen. Natürlich auch sexuell«, erklärt er und guckt mich erwartungsvoll an.

Was erwartet er nun? Dass ich sage: »Baby, lass uns gleich mit dem Unterricht anfangen?«

Dann gesteht er, dass er eine frustrierende eineinhalb Jahre während Beziehung mit einer dreißigjährigen Frau hatte, die er auch übers Internet kennengelernt hat.

»Ich finde die meisten jungen Frauen ziemlich langweilig«, sagt er düster.

Kein Wunder. Ein Blick auf viele Frauen in den Dreißigern zeigt jedenfalls mir, dass sie besonders angepasst, farb-

und orientierungslos sind und unsicher zwischen Beruf und Privatleben umherschwirren und nirgendwo anzukommen scheinen. Gleichzeitig präsentieren sie sich als super-selbst-bewusste Barrierebrecherinnen (siehe Charlotte Roche), die wissen, wo's langgeht, während sie nach einem passenden Mann Ausschau halten. Aber der ist nur verschreckt.

Ich kann sehr gut verstehen, dass die jüngeren Männer, die sich dauernd von jungen bindungsbegeisterten Frauen mit laut tickenden biologischen Uhren umzingelt sehen, von uns mehr in sich selbst ruhenden älteren Frauen begeistert sind.

»Und im Internet können junge Männer damit offener umgehen und etwas herumexperimentieren. Man kann ja jede anmailen, und dann klärt es sich, ob Interesse da ist«, fügt er hinzu. Jetzt hat er ein kleines Lächeln auf seinen vollen Lippen.

Ein cleverer Schachzug, denke ich, gleich fragt er, was *mein* Motiv ist und warum ich mich mit jungen Männern treffe.

Doch dazu ist er zu gehemmt, und mir reichen die Informationen. Also, er ist es wirklich nicht, da gibt es aufregendere junge Dachse. Zeit für den Abschied. Ich glaube, er ist enttäuscht. Aber es gibt ja Tausende von willigen älteren Frauen, die ihn sich gern im wahrsten Sinne des Wortes zur Brust nehmen würden. Sechsundsiebzig Prozent aller deutschen Frauen würden einen jüngeren Mann heiraten – der Prozentsatz derjenigen sexy Ladys, die lediglich gern Sex mit ihnen hätten, dürfte noch höher sein!

»Na, wie war's?«, fragen alle drei Freundinnen gespannt.

»Absolut langweilig«, knurre ich.

»Nur keine Panik. Gibt ja noch mehr«, beruhigt mich Karen.

Knickrig und knackig

Es ist meine eigene Schuld. Warum übergehe ich die Beschreibung eines einundsechzigjährigen Mannes nicht, der seine Figur als »knackig« anpreist? Vielleicht war es mein Versuch gewesen, wieder etwas Vernunft in mein Auswahlprinzip zu kriegen. Und zwar dadurch, mich meiner eigenen Generation zuzuwenden, die mir vertraut sein dürfte, obwohl mir Jürgen und Dirk eigentlich gereicht hatten.

Und da wenig Bewunderung für schluffige Althippies, Ökofreaks und Alternativlinge geblieben ist, die Bäume umarmen, Häuser besetzen, Joghurtbecher für den Trennmüll auswaschen, Birkenstock tragen *und* Santana hören, denke ich wohl, dass Heino eine andere Variante ist.

Das ist er auch, und zwar ganz eindeutig die modische Sorte Fitnessfreak. Was auch nur ein Bemühen ist, das schlappe Fleisch und die morscher werdenden Knochen auszutricksen.

Er kommt auf dem Rad und trägt einen dreifarbigen Designerhelm und enge schwarze Fahrradhosen, die muskulöse Schenkel umspannen wie eine Wurstpelle. Also, er hat eine sehr gute Figur, da gibt es gar nichts, sehnig, schlank, braun gebrannt.

Ich beobachte durch die Scheibe des Cafés, wie er sein Rad sorgfältig und liebevoll anschließt. Er hat keine Eile, obwohl er bereits zehn Minuten zu spät ist. Dann stolziert er herein, sieht mich, nickt mit dem Kopf und guckt sich missbilligend um.

»Können wir draußen sitzen? Hier ist es zu muffig!«

Ah, ein Charmebolzen ohne einen Anflug von Ego, wie angenehm. Es sind zwölf Grad draußen – keine Sonne. Ich will drinnen bleiben, er macht ein unwilliges Gesicht, setzt sich aber gnädig hin.

Er erzählt sofort vom Marathon, den er bald laufen wird, und dass ich froh sein kann, dass er in meine Gegend gekommen ist, da er ganz woanders wohne. Dabei kaut er Kaugummi.

Was genau ist der tiefere Sinn von Kaugummikauen, außer den Betrachter zu nerven? Langweilen sich der Kiefer und die Backenzähne und müssen beschäftigt werden? In mir steigen leichte Aggressionen hoch, wie immer bei Kaugummikauern, die weltweit den dümmsten Gesichtsausdruck haben.

Ich habe mal einer jungen Dauerkauerin in der U-Bahn, die alle paar Sekunden laut Blasen von den Lippen abknallen ließ, leicht eine draufgehauen. Es hat Spaß gemacht – und sie war verblüfft gewesen.

Heino guckt mich arrogant an. Ich gefalle ihm nicht, obwohl er mir online Komplimente gemacht hat. Er hat ein schmales Gesicht mit scharfen Mundfalten und recht hübsche grüne Augen. Sein Ziegenbärtchen, der sehr populäre Verzweiflungsakt älterer Herren, mit den jungen Kreativen auf Augenhöhe zu sein, ist dürftig und sieht lächerlich aus, sein Haupthaar grau meliert und teenie-kurz. Er findet sich supercool, das rieche ich.

Noch hat er seine Fahrradhandschuhe an, und ich bin gespannt, wann er sie auszieht. Vielleicht hat er Handverletzungen oder noch mehr Altersflecken als ich? Vielleicht zieht er sie erst im letzten Augenblick im Bett – nicht in meinem, Gott bewahre! – aus, als Äquivalent zu den weißen Socken, die manche Männer mal als verwegen erotisch empfanden und die ihren festen Platz in Oswald Kolles Welt des befreiten (und unfreiwillig komischen) Sex hatten?

Nach einem unzufriedenen Blick auf die Karte bestellt er eine Tasse Kaffee. Dann greift er beherzt zum Handy und macht einen Anruf bei einem Freund.

Ich ziehe die Augenbrauen hoch und murmele: »Wie bitte?«

Er dreht mir den Rücken zu, lacht locker, fragt, ob die Tapeten gehalten haben, bei denen er gestern geholfen hat, und erkundigt sich nach den Sportergebnissen. Wie wichtig kann das sein? Es ist wie zu Hause, als mein Vater am Wochenende beim Abendbrot Fußballergebnisse hören *musste*, während ich nach Chris Howlands englischer Hitparade dürstete, die zur gleichen Zeit lief. Pech nur, dass in einem klassischen Haushalt mit nur einem Radio der Papi mehr zu sagen hatte als die Tochter, als Elvis, Paul Anka und Ricky Nelson.

Ich greife zur Zeitung und lese, er beendet sein Gespräch und fragt pikiert: »Willst du lesen oder wie?«

Eigentlich schon, denn das ist besser, als Heinos Gequatsche zuzuhören und seinem Gekaue zuzugucken.

Ich wusste doch, dass man keinen Mann mögen kann, der einen Pulli mit V-Ausschnitt und nichts darunter trägt (wie er auf seinem Foto) und mich in der zweiten Mail fragt, ob ich ihn vielleicht vom Flughafen abholen könnte – er käme aus Griechenland, wo er als ehemaliger Bauunternehmer ausgeholfen hat.

Meine bereits sehr reduzierte Höflichkeit schwindet weiter. Am liebsten würde ich ihm die Nase in den heißen Kaffee tunken oder gegen das Schienbein treten – nur so. Vielleicht kennt jede Frau diese Stimmung, in der einem alles egal ist: Wie man wirkt, wie man aussieht, ob einer einen mag oder absolut fürchterlich findet. Und irgendwie ist es befriedigend, anerzogene Höflichkeitsgebote einfach genüsslich in den Wind zu schießen. Was dabei rauskommt, ist oft nicht so sehr die Begegnung mit dem Gegenüber, sondern die Begegnung mit dem Selbst – und zwar dem Teil mit den am allerwenigsten netten Seiten, die sonst übertüncht oder unterdrückt werden. Tut mir leid, aber ich finde das manchmal gut.

Aber dann passiert etwas Interessantes. Ich sage zu ihm einen Satz, der zwar stimmt, aber einen gewissen Bumerangmechanismus eingebaut hat.

»Das hat schon seinen Sinn, dass du online mit einem Datingservice jemanden suchen musst«, zische ich ihn an.

Ich bemerke das kleine Eigentor sofort, er aber auch.

»Gleichfalls«, entgegnet er mit einem leicht sarkastischen Lächeln. »Du scheinst ja auf dem traditionellen Weg auch nicht gerade das große Glück gefunden zu haben.«

Autsch. Das sitzt.

Auch wenn es ihn nichts angeht, er nicht die turbulenten Details meines Liebeslebens kennt und keinerlei Befugnis hat, meine Partnerqualitäten anzuzweifeln. Es ist etwas dran.

Gewissen Wahrheiten, von denen es für jeden von uns mindestens eine gibt, sollte man ins Gesicht blicken, wenn man über sechzig ist. Und diese schmerzte ein wenig und war nicht schmeichelhaft für mich: Ich glaube, ich war mit dreißig ziemlich unfähig, eine gesunde und stabile Beziehung zu haben. Enthusiastische, kurzlebige Liebesaffären waren mehr etwas für meinen damaligen emotionalen Reifegrad und meine Idee von Selbstverwirklichung.

Wenn ich zurückblicke auf meine turbulente kurze Ehe und den ganzen Rest meines Liebeslebens, ja selbst auf die ernsthaften Beziehungen, dann war ich alles andere als die perfekte Frau, Freundin und Partnerin gewesen. Die stressige Mischung aus Liebessehnsucht, Misstrauen, Freiheitsstreben, Anhänglichkeit, Angst, Zwiespältigkeit und Unberechenbarkeit machte mich sicherlich zu einem erschöpfenden Abenteuer und Nervenkitzel, auf den man manchmal lieber verzichten mochte. Die Willigkeit, mich von einem Mann zu trennen, wenn mir etwas nicht passte, war sehr hoch. Verliebtheit würde immer wieder passieren, es würde genug Vorrat an Männern da sein, das war meine Überzeugung, da machte ich mir keine Sorgen.

Trotzdem gab es zwischendrin sehr ernste und teilweise stabile Beziehungen, aber sie dauerten maximal fünf Jahre. Mir fehlte ganz einfach das Selbstaufgabe-Gen, ich wollte mich nicht binden, denn Bindung erschien mir als eine tragische Form von Gefängnis, die ihren Höhepunkt in einem albernen weißen Kleid vor dem Altar fand.

Aber wie kriegt man seine romantischen Vorstellungen als junge und als alte Frau unter einen Hut? Ändert sich die Liebe, ihre Tiefe, die Bedeutung? Wird sie von einem verbrennenden engen Bodysuit zum angenehm warmen weichen Umhang? Sein Herz an etwas hängen. Wer kennt nicht den Ausdruck? Da baumelte es dann an einem Mann, als wir jung, leidenschaftlich und unerfahren waren, und es schwang hin und her, das arme Herz, ziepte und weinte, weil es ignoriert wurde.

Ich glaube, man bekommt eine »erwachsene« Liebe niemals hin, wenn man jung ist.

Ich wollte früher als junge Frau immer Randale in der Liebe haben. Aufruhr, Leidenschaft, Zank, Drama, Versöhnung waren für mich sichere Zeichen für ein echtes emotionelles Erlebnis. Liebe eben. Vom anderen verlangte ich Selbstaufgabe und Besessenheit. Wer das nicht vorzeigen konnte, nicht erbebte und völlig durcheinander war, der galt für mich als uninteressant. Unterwerfung (des anderen natürlich!) war für mich der ultimative Liebesbeweis.

Ich wollte etwas fühlen, und zwar so intensiv, dass ich litt und zitterte, lachte und weinte. Harmonie und lange zankfreie Perioden erschienen mir verdächtig und lauwarm wie eine Mutti-und-Vati-Ehe. Die Schlachten waren anstrengend, aber das musste so sein, dachte ich, die aus einer Ehe zankender Eltern kam.

Wie schädlich diese Ausbrüche waren, letztendlich nur ein Zeichen von Angst und Unsicherheit, entdeckte ich erst spät. Und das ist traurig, denn dieser Vorstellung von Liebe als emotionelle Achterbahn war letztendlich kein Mann gewachsen. Ich selbst auch nicht.

All diese Versuche, Liebe in Machtspiele zu verwandeln, haben einige echte und große Lieben stark verkürzt, manche sogar gar nicht erst erblühen lassen.

Diese Fehler wollte ich nicht noch einmal machen, *musste* ich nicht noch einmal machen, denn mit dieser Erkenntnis hat sich der Spuk, glaube ich, aufgelöst.

So ab fünfzig ist man wohl sehr viel mehr in der Lage, eine interessante Beziehung zu formen und weiterzuentwickeln, als mit dreißig, weil Toleranz eingetreten ist und Sicherheit und Selbstwertgefühl stark zugenommen haben.

All das betrifft nicht wirklich Heino, den ich weder als junge noch alte Version will. Ich rufe die Kellnerin wegen der

Rechnung. Natürlich bezahlt er nur seinen Kaffee. Ich nicke kurz mit dem Kopf und gehe.

Er mailt mir später noch, dass ich unmöglich sei und »riesige« Probleme haben werde, jemanden zu finden. Er hingegen könne mir garantieren, dass er Ende des Monats verlobt sein wird. Und dann verpasst er mir noch einen extra Schlag, über den ich zwar lachen muss, aber der ein großes Thema ins Bewusstsein schiebt, dem scheinbar niemand länger als einen Tag entfliehen kann: »Du bist mir zu alt und siehst auch so aus.«

Lieber alt als tot

Tja, das Alter. Wenn man ganz ehrlich ist, dann sind bereits der dauernde Versuch und die Aufforderung, jünger aussehen zu wollen und zu sollen – also Alter zu maskieren beziehungsweise verschwinden zu lassen wie ein Kaninchen im Zylinder –, eine Form von Altersdiskriminierung.

Es gibt ein amerikanisches Buch, ein Bestseller natürlich, das heißt *How Not to Look Old*, also wie man nicht alt aussieht, und es hört sich an, als würde jede Form von Falten, jeder Hauch grau im Haar ein mittleres Desaster sein – von einem ernsthaften Hindernis in der Welt der schrumpfenden Jobs mal ganz abgesehen.

Die (alterslose) Autorin des Buches besteht auf der tragischen Beobachtung, dass Leute, selbst wenn sie selber nicht mehr taufrisch sind, ganz einfach alternde Menschen in bestimmten Berufen nicht angucken mögen. Falten auf der Stirn, gelbliche Zähne, zurückgehendes Zahnfleisch, Tränensäcke, Mundfalten, Oberlippenfältchen – hört der Horror nie auf! – scheinen nichts als Trauer, Furcht und schlechte

Laune im Betrachter zu produzieren. Denn es ist ja so: Die Frau ist nach wie vor verpflichtet, die Überbringerin von Schönheit, Jugend und Fruchtbarkeit zu sein.

Viele in Amerika haben aufgeatmet, dass Hillary Clinton nun doch nicht Präsidentin geworden ist, denn wie ein fetter, hässlicher, republikanischer Kolumnist und Rassist im mittleren Alter sagte: »Ehrlich, wer will eine Frau vor seinen Augen alt werden sehen.«

Aber darum werden wir nicht herumkommen. Ganz besonders heute nicht, im Zeitalter der Entprivatisierung und Geheimnislosigkeit. Weder Männer noch Frauen. Dieses schreckliche menschliche Verbrechen des Älterwerdens – in der Rangliste der Unverfrorenheiten gleich nach Ehebruch mit dem Mann der besten Freundin oder so – holt uns alle ein, ob es uns nun gefällt oder nicht. Und soweit ich sehen kann, ist Älterwerden bisher die einzige Alternative zu einem frühen Tod.

Eigentlich gibt es nur ein Antidot dafür: Es einfach geschehen zu lassen. Nicht nur das, sondern sich gleichzeitig in der Gewissheit zu sonnen, dass man sich etwas Ruhe und Relaxtheit nach Jahrzehnten von beruflichen Anstrengungen und Verzicht ehrlich verdient hat.

Sieben Wochen später sucht Heino immer noch auf der Webseite nach seinem Glück. Mit neuem Foto und ohne Ziegenbart. Aber wahrscheinlich kauend.

Gesucht, gefunden,
glücklich auf ewig

Ich rufe Toni an, die immer noch täglich auf Dating- und Flirt-Webseiten herumchattet und nichts dabei findet, und jammere ihr etwas von dem neuen Frusttreffen vor.

»Nimm so was nicht so ernst. Bleib am Ball, es ist ein Spiel, eine extra Chance, du vergibst dir nichts. Viele treffen wirklich ganz tolle Leute, und manche werden ein Paar, das weißt du doch! Ich habe dir doch von der Bekannten erzählt, die einen reichen Mann kennengelernt hat, den sie demnächst heiraten wird.«

Ich werde Annegret besuchen, die vor zwei Jahren Sigi bei einer bekannten Partnerbörse kennen und lieben gelernt hat und mit ihm seit einem Jahr zusammen wohnt, und sie etwas ausquetschen. Vielleicht kann ich etwas lernen. Sie hat absolut nichts dagegen und er auch nicht.

Partnersuche ist heute kein delikates Thema mehr wie vielleicht vor zehn, fünfzehn Jahren, als es noch so tabu war, sich mit Kontaktanzeigen zu brüsten, als hätte man einen Gefängnisinsassen gedated. Man bekennt sich offen und gut gelaunt zum Chatten und Flirten; es scheint sogar den Status jedes Mannes und jeder Frau zu erhöhen, wenn es ihnen gelingt, Mr. oder Mrs. Right online zu finden.

Als wir gemütlich im schönen Garten von Annegrets Haus sitzen (er ist bei ihr eingezogen), ist Sigi dabei, der Hecke den letzten Schliff zu geben – sein Hobby. Annegret ist achtundfünfzig, Bankkauffrau, mollig, sonnig und blond. Sie ist seit acht Jahren geschieden, hat einen zweiundzwanzigjährigen Sohn und verspürte lange keine große Lust auf neue Männer. Dann schrieb sie sich bei Parship ein.

»Einmal mache ich das jetzt, dachte ich, und dann ist gut«, erzählt sie.

Ihr war allerdings völlig klar, dass sie sich zehn Jahre jünger machen müsste, das machen sowieso die meisten, und da sie viel lacht, sieht sie viel jünger aus (bitte merken, Ladys!) – also kein Problem. Sie kriegte als *awieanne* zehn Zuschriften am Tag, dann ebbte es ab, und dann kam *optimist101* ins Spiel – Sigi. Da kommt er gerade und setzt sich dazu, sie schenkt ihm Tee ein.

»Erzähl du mal«, sie zwinkert mir vielsagend zu.

Sigi ist dreiundsechzig, getrennt lebend, hat zwei erwachsene Kinder und ist der bodenständige, verschmitzte Typ von kleiner Statur. Er erklärt mit wenigen Worten, wie es für Männer im Internet läuft.

»Frauenüberschuss, man kann sich vor Anfragen kaum retten und auswählen, wie man will.«

Er selbst hatte eine einfache Regel: Frauen über fünfzig kamen nicht infrage.

Annegret kichert: »Hätte ich nicht gelogen, würden wir hier nicht sitzen.«

Sigi hatte viele Dates, die ganz klar umrissen waren. Entgegen der Meinung, dass Frauen sich länger zieren als Männer, landete er schnell an heißen Wochenenden mit sehr willigen Kandidatinnen im Bett.

»Das kann man ganz schnell klären, in welche Richtung das gehen soll. Online oder am Telefon.«

Annegret verdreht die Augen. Laut Sigi sind Berlinerinnen am schnellsten zu Sex bereit und kommen auch gern angereist.

»Ich glaube, die Männer in Berlin sind unromantische Sexmuffel«, bietet Sigi als Erklärung an.

Annegret und Sigi mochten sich gleich, man telefonierte, man traf sich, keiner musste anreisen – und plötzlich waren sie ein Paar, das perfekt harmonierte.

Sigi wurde allerdings erwischt, wie er weiterhin online suchte – er streitet es ab –, aber dann brachte er seine Kisten und luxuriösen Küchenutensilien mit, denn er kocht gern.

Als er sich wieder zu seiner Hecke trollt, grinst Annegret mich an: »Perfekt. Er zahlt Miete, ist mein Lover, ich muss ihn nicht heiraten, und er ist irre fürsorglich.«

Bin ich ein bisschen neidisch? Ja.

Hätte ich gern Sigi? Nein!

Denn die Sigis dieser Welt sind nichts für mich und ich nichts für sie.

Das zweite Paar aus meiner Serie »Was ich theoretisch auch kriegen könnte« war ganz anders. Und eigentlich stehe ich noch unter Schock. Joachim ist ein lustiger fünfundsechzigjähriger Anwalt, den ich seit dreißig Jahren kenne. Er war nach dem plötzlichen Tod seiner (älteren) Lebenspartnerin vor drei Jahren ziemlich verzweifelt.

»Ich kann nicht allein sein, ich brauche eine Frau, sonst verwelke ich wie eine Blume«, jammerte er in klassischer Girl-Talk-Manier!

Und stürmte vor zwei Jahren in die Datingszene wie ein Hurrikan, meldete sich bei allen Webseiten an, freien und gebührenpflichtigen, und war vierundzwanzig Stunden am Tag damit beschäftigt, Frauen zwischen fünfundvierzig und sechzig anzumailen und jede einzelne zu treffen, die willig war.

Witzige Anwälte haben wohl in der Altersklasse mit die besten Karten, sofort nach Millionären ohne Erben. Er brachte es in der Zeit auf zweihundertsechzig Dates (behauptet er!), von denen einige »wirklich sehr tolle, berufstätige Frauen« waren, mit fünf von ihnen ging er richtig aus.

Auf meine Frage, wie es denn mit Sex war, gibt er ausweichende Antworten, fast ein bisschen kokett. »Alles prima«, behauptet er.

Wir wohnen etwas weiter auseinander, und so traf ich bisher keine seiner Eroberungen. Bis sich dann eine Karin in sein Leben mailte, ihres Zeichens eine achtundvierzigjährige Stenografin bei Gericht. Ich hörte nur noch »Karin und ich«, und dann wollte er, dass ich sie kennenlerne. Gern.

Karin hat flammendrot gefärbte Haare, trägt einen schulterfreien Pulli, großzügige Schmuckmengen, Leggings und Pantoletten – alles Dinge, die beim Fashiongericht lebenslänglich kriegen würden.

Sie ist wohl sehr unsicher und möchte dringend die »gute alte Freundin« von Joachim grillen.

Männer sollten lernen, sich nicht zu enthusiastisch über andere Frauen zu äußern, auch wenn die Freundschaft platonischer Natur ist.

Sie starrt mich bitterböse an, nimmt flink die Häppchen weg, bevor ich zugreifen kann, und sagt dauernd giftig: »Also, das müssen Sie mir erst mal erklären!«

Einer meiner allerliebsten Sätze.

Ich erkläre gar nichts, sondern ignoriere sie nach dem dritten Affront (»Ach, Sie schreiben? Davon kann man doch nicht leben!«), was sie erbost. Dafür drückt sie sich demonstrativ so eng an Joachim, dass er fast von der Couch fällt, und knetet kräftig seine Hand.

Die Worte »wir« und »Schatz« fallen dauernd, Joachim guckt ein wenig gequält, ich sehe ihn mit neuen Augen. Nach einigen weiteren persönlichen Beleidigungen von Karin (»Nur weil Sie viel reisen, heißt das nicht, dass Sie was Besonderes sind!«) habe ich genug von den beiden.

Beim frostigen Abschied fällt mein Blick auf das Bücherbord. Oh, großer Gott! Da steht ein Foto, scheinbar vom Urlaub, Arm in Arm mit Weinglas in der Hand, sie tiefbraun und triumphierend, er verlegen und gefangen, im Hintergrund irgendetwas Südliches.

Da war sie, die fotografische Besiegelung von weiteren langen Jahren Gefangenschaft, getarnt als Paarbeziehung.

Als ich endlich nach Hause fliehen kann, bin ich bestens gelaunt und fühle mich wie ein Glückspilz, weil ich keinen Schlüssel zu einem Platz wie »Kerker Karin« besitzen will. Armer Joachim. Ich rufe ihn nicht mehr an.

Liebe ist (k)ein Zufall

Ich habe ja meine Zweifel, ob man sein Schicksal wirklich lenken und mit den modernsten Mitteln austricksen kann, so wie einen kranken Hund, dem man bittere Pillen ins leckere Futter mischt.

Sollte man es versuchen, so wie die beiden Paare?

Liebe ist kein Zufall. So wirbt Elite, die sehr gediegen agierende Perlenkette-und-Anzug-Vermittlung der Branche, und wartet mit vielen schrecklich anspruchsvollen Akademikern auf, die sich so wertvoll gebärden, dass sie niemals mit einer Friseuse ausgehen würden.

Die Liebe mag kein Zufall sein, aber das Treffen von bestimmten Männern, das zur Liebe führen kann, ist es eben doch.

Wir lieben das Schicksalhafte und brauchen den Zufall und die Illusion, dass das Schicksal uns jemanden in Reichweite schiebt, jemanden speziellen, extra für uns angefertigt wie ein Lebkuchenmann. Vielleicht auch deshalb, weil dann die Schuld verringert wird, wenn sich aus der anfänglichen Liebesbegeisterung lähmende Langeweile entwickelt. Man kann ja nichts dafür.

Aber genug von der Liebe, die laut eines amerikanischen Songs nur »ein Wort mit vier Buchstaben ist«.

Sex hat nur drei – vielleicht denkt man deshalb öfter daran? (Und vergisst es schneller?)

Eindeutige Angebote

Wer glaubt und von Herzen bedauert, dass eine Frau über sechzig nie wieder mit eindeutig sexuellen Angeboten umgehen muss, die keineswegs nur von derangierten Perverslingen kommen, dem möchte ich Mut zusprechen.

Das heißt, wenn sie diese Form des Begehrtwerdens vermisst und daraus eine wichtige Form der Erotik zieht.

Es sieht so aus, als ob jeder – ob jung, alt, verheiratet oder verklemmt –, gern sagt, was ihn erregt und was er gern hätte. Dafür ist das Internet ja da.

Eine besondere Kategorie ist der Netzprotz, man könnte ihn auch Otto Orgasmus nennen. Es gibt ihn in allen Variationen: als Schmuseprotz, der »viele schöne Liebesstunden« verspricht, als Hardcore-Lover, der es mir »besorgen kann«. Da sind die Männer, die Sex wollen, sonst gar nichts, und eben tolle Angebote wie: »Magst du es, wenn man deine Füße verwöhnt?« Nicht ungewöhnlich auch geradeheraus gestellte Forderungen nach Analverkehr.

Ganz besonders originell finde ich, was der sexuelle Reparaturmann mir anbietet: »Hausbesuche nach Vereinbarung. Sehr diskret. Hobbys: Erotik und Sex.« Natürlich hat er, der verheiratet ist, kein Foto eingestellt, denn das darf Silke natürlich nicht wissen, dass er als »Heizungsmonteur« ein »volles Rohr« verlegen will.

Jackwolf wiederum, ganze fünfunddreißig, ist weniger scheu.

Er hat ein Foto im Halbprofil mit einem Handy am Kopf, das mir wohl sagen soll: Anruf genügt! Jedenfalls will *Jackwolf* nichts als Flirten und Sex, eingebettet in »eine lockere Wochenend-Beziehung«.

Noch ein paar Anfragen, denen man nur schwer widerstehen kann: Ein *sexyjoe* namens Johann (siebenunddreißig) schreibt nur kurz und knapp: »Hau dir meine Bilder rein, wäre an einer Affäre interessiert.« Die Fotos zeigen einen sehr blassen Sportsfreund im entsprechenden dunkelblauen Outfit mit Seitenstreifen, der in einer dieser leeren weißen, typisch männlichen Viereckwohnungen mit einem Baumarktstrahler an der Decke steht. Ein nettes Grinsen hat er.

»Suche eine gebundene, genussfähige Frau mit erotischer Ausstrahlung, die Spaß am Leben hat. Will dich entführen, verführen, will dich verwöhnen. Möchte dich genießen. Und zu allem Überfluss, das alles nicht nur einmal.« Ja, das kann einem leicht zu viel werden, besonders wenn es Karl aus Hildburghausen ist, der fröhliche Nimmersatt.

Ein anderer Kandidat, nämlich ein grau melierter Gentleman (ohne Foto), »sucht die zärtliche, anschmiegsame Dame, die bereit ist, sich fallen zu lassen, um nur noch zu genießen«. Und ja, Luft anhalten. Ich bin diese Dame. Er will mich »zärtlich verwöhnen«, denn er bemerkt sehr richtig (kennt der mich?): »Die Arbeit und der Stress können nicht alles sein. Schmusen, lachen, fühlen, schmecken, die Welt um uns herum vergessen« – das ist sein großzügiges Angebot. Ich reagiere etwas sperrig, das muss ich zugeben, denn er will nicht nur seinen Namen nicht verraten, weil »er nicht unbekannt in der Grundstücksmaklerszene« ist und zudem verheiratet, sondern auch kein Foto schicken. Er bedauert sehr, dass wir nicht zusammenkommen können, denn es wäre gut für mich gewesen. Ja, ich wusste nie so recht, was gut für mich war. Ich erscheine ihm als ziemlich blockierte Frau, die mal etwas »aus sich herauskommen sollte«.

»Zwei Herren suchen gebundene Dame für Spaß zu dritt« war auch klar. Eigentlich eher nichts für mich, denn ich finde schon einen Mann im Bett abendfüllend genug. Der berühmte Dreier geistert aber wahrscheinlich durch viele Fantasien der verschiedensten Menschen beiderlei Geschlechts.

Ich glaube, die Beliebtheit hat damit zu tun, weil dann die Aufmerksamkeit einer einzigen Person, die ja während der sexuellen Betätigung recht intensiv sein kann, auf zwei verteilt ist und dadurch etwas unübersichtlich wird – was gut sein kann. Besonders für Menschen mit ADD (Attention Deficit Disorder). Der andere positive Punkt ist, dass wenn einer es nicht bringt, der andere einspringen kann. Sozusagen als Garantie im Doppelpack. Denn selten sind zwei Männer gleichzeitig impotent. Natürlich weiß ich, dass das Begehren nach drei Menschen im Bett meist männlicher Natur ist und sich auf zwei Frauen konzentriert, nicht umgekehrt.

In früheren Jahren, als ich noch neugieriger und in der Experimentierphase war, habe ich einmal eine sehr niedliche und freimütige Freundin danach gefragt. Sie war recht angetan von einer langen Nacht mit ihrem offenbar sehr toleranten Ehemann und dem neuen Lover. Die Ehe hielt das allerdings nicht aus, denn sexuelle Toleranz ist oft nur eine Verzweiflungstat, um einen entgleitenden Partner festzuhalten.

Ein anderer Mann, auch ohne Foto, wollte »meine Füße verwöhnen« – also Zehenlutscher? Das ist eigentlich ganz schön, aber ich konnte mir nicht denken, dass er wieder nach Hause geht, nachdem er mit den Zehen fertig ist …

Ein *liebeslust*, das ist Wolfgang (neunundvierzig), wollte mit mir Pornos ansehen, weil er gern meine »aufgesetzt kühle Art«, die er auf dem Foto zu erkennen glaubte, glutheiß erhitzen wollte.

Das ist auch eine alte Fantasie von Männern: Die »frigide« Frau mit ihrem »Zauberstab« von ihrem Leiden zu erlösen, wie nur sie es können.

Er sagte das mit den Pornos nicht direkt, sondern sprach im Gentlemanstil von gewissen »freizügigen« Filmen. Dabei gelten ja Pornos, die selbst Dreizehnjährige auf ihr Handy laden können, als weniger interessant – von anstößig reden wir mal nicht – als Klingeltöne.

Frauen und Pornos, das ist so eine Sache. Angeblich mögen und schauen Frauen sie gern an, auch wenn sie selber die dümmsten und erniedrigsten Rollen darin haben. Ich finde, einen Porno mit einem Mann anzusehen, wenn man ihn nicht wirklich scharf und sexy findet, das ist, als ob er beim Pinkeln neben einem steht. Man fühlt sich beobachtet. Wenn man ihn aber scharf und sexy findet, dann braucht man keinen Porno.

Ich könnte mir Pornos nur aus Spaß angucken, denn wer kann sie total ernst nehmen, selbst mit der sexuellen Erregung, die sich ganz einfach einstellt, ob man will oder nicht, selbst wenn man die doofsten Leute vögeln sieht.

Ich habe mir vor zwölf Jahren mal einen Stapel vom Video-Verleih geholt. Neugier, Langeweile, Recherchen, ich weiß es nicht mehr wirklich. Ich erinnere mich an viel heiteres Lachen – von meiner Seite. Besonders die lesbische Liebe, die im Frauengefängnis und beim Aerobic im Sportclub stattfand, Letzteres in den Umkleidekabinen zwischen Damen mit Stulpen und Stufenschnitt, war ein Erlebnis von besonderer Komik.

Das Lachen über die Absurdität des sexuellen Aktes mit all seinen potenziell sehr merkwürdigen Verrenkungen und Anstrengungen und Lauten und Gesichtern, das ist der eigentliche Spaß bei Pornos. Und da will man nur eine beste Freundin oder einen lustigen Lover beim Zugucken haben, nicht einen pensionierten Logistiker mit Kniescheibenschaden.

Sex kennt kein Alter

Aber halt! Was ist mit den Pensionären? Eine riesige Markt-lücke tut sich auf! Der TV-Mechaniker, der Zivi, der schlüpf-rige Hausmeister, alles potenzielle Verführer für die heiße Helga im Seniorenheim, Apartment zwölf.

Das haben die Japaner erkannt, die sexuell verklemmt sein mögen, aber kalt kalkulierende Geschäftsleute, wenn es um viele Yens geht. Und es ist das Land der aufgehenden Sonne, das uns den ältesten Pornostar der Welt in der noch ansehnlichen Form des fünfundsiebzigjährigen Herrn To-kado schenkt, Familienvater und ehemaliger Angestellter in einem Reisebüro. Er liebt seinen Beruf sehr und möch-te ihn ewig weitermachen. Sein Motiv: Den älteren Men-schen gute Laune zu machen und sie zu inspirieren! Dazu muss man sagen, dass japanische Pornos etwas dezenter und »kunstvoller« gedreht werden und die Kimonos immer ein wenig über die *naughty bits* (so die Briten) gebreitet werden. Seine Pornos sollen demnächst in Altenheimen angeboten werden, da im Jahr 2055 zwei von fünf Japanern fünfund-sechzig Jahre alt sein werden.

Nichts ist bei uns ein größeres Tabu beim Thema Älter-werden als das Thema Sex. Ja, Liebe auch, aber hauptsäch-lich Sex, denn wir sind eine sexbesessene Gesellschaft. Wer im Alter von fünfzig aufwärts keinen oder wenig Sex hat, der hat offenbar eine ziemlich bedauernswerte Existenz und weist sich als verhaltensgestört und wenig begehrenswert aus. Nur wirklich detailliert wissen will man es nicht.

Dabei liest und hört man ja die tollsten Geschichten von den heißen Seniorinnen, die es mit sinnesfreudigen Witwern, draufgängerischen Alt-Casanovas und knusprigen Einheimischen auf Reisen, zu Hause und selbst in Altersheimen treiben.

Sogar die internationale Filmindustrie bringt alle zwei Jahre einen Film auf den Markt, in dem intelligente und jung gebliebene, aber sexuell frustrierte Frauen zwischen fünfzig und siebzig (an die Achtzigjährigen wagt sich noch keiner ran) unbekümmert ihre Hängebusen und schlabberigen Oberschenkel zeigen, jauchzend oder auch stillschweigend in die Betten sinken und dort recht viel Vergnügen zu haben scheinen. Gönnen tut man das den fröhlich kopulierenden Paaren allemal. Und es ist positiv und realistisch, dass man der Bevölkerung nahebringen will, dass auch ältere Menschen ein Recht auf ein Liebesleben haben. Aber will man das sehen?

Jüngere Menschen unter Garantie nicht, denn das ist, als ob man seine Großeltern beim Sex belauschen würde – eklig bis lächerlich.

In jedem Fall aber haben die meisten Menschen starke Ablehnung gegenüber Sexualität, wenn sie mit Sterblichkeit und Verfall gemixt wird. Kein freches, amüsantes Thema, so wie es das einmal war, heiter und unschuldig – damals in jungen Jahren. Wenig dunkle Wolken am Liebeshimmel, die Hoffnung auf Perfektion noch hell gleißend und intakt.

Das geht alles nicht mehr so erfrischend unbekümmert mit sechzig. Es ist nicht so, dass die Knochen gleich knacken, wenn man ein paar gewagtere Stellungen ausprobiert, aber die Vorstellung, dass Kreischen und Stöhnen etwas für jüngere Menschen ist, kriegen weder junge noch alte Menschen über sechzig ganz aus ihren Köpfen.

Das Tageslicht, einst eifrig gesucht, um Nachmittagssex den himmlisch schuldvollen Charakter zu geben, weil alle anderen arbeiten, wird zum Feind des nackten Körpers. Dabei gibt es sehr schöne ältere Körper, die eine größere und ansprechendere Persönlichkeit haben – ohne den Kopf mitzuzählen – als eine perfekte junge Schönheit mit Kopf. Das ist gut zu wissen.

Aus dem Land der unbegrenzten Möglichkeiten

Erica Jong, Autorin des riesigen Siebzigerjahre-Bestsellers *Die Angst vorm Fliegen*, der die sexuelle Revolution der umstürzlerischen Hippiejahre von einem rein weiblichen Standpunkt aus zelebriert, sagt, dass die Idee, ältere Frauen seien genauso sehr an Sex interessiert wie ältere Männer, besonders im puritanischen und gleichzeitig sexbesessenen Amerika sehr zwiespältige Gefühle erzeugt hat. Im Gegensatz dazu, meint Jong, »gelten in Europa erfahrene ältere Frauen als sexy, besonders in Italien und Frankreich«.

Trotzdem oder gerade deshalb sind in Amerika die Schamgrenzen ebenso tief gefallen wie die Grundstückspreise. In der neuen praktischen Welt der flinken Vernetzung kommt Lust vor Alter, und die wird ausgelebt wie der »zipless fuck« aus ihrem Buch, also schneller Sex ohne große Gefühle.

Mit großer Verblüffung – und sogar einem Quäntchen Bewunderung – las ich auf einer amerikanischen Webseite von den Abenteuern zweier sexuell frustrierter, ziemlich durchschnittlicher, aber auch smart wirkender Frauen, eine Ende vierzig, die andere Mitte fünfzig. Sie lechzten nach »Sex satt« und waren bereit, sich keine Gelegenheit entgehen zu lassen. Sie benutzten dazu die bekannte, sehr liberale Allround-Webseite *Craigs List*, die es auch auf Deutsch für deutsche Städte gibt.

Vielleicht lag es daran, dass diese zwei Frauen Kalifornierinnen sind? Das Wetter, die wunderschöne Umgebung und eine üppige Natur laden zu sehr romantischen Fantasien ein und lassen wahrscheinlich die Libido so sinnlich erblühen wie die Hibiskusbüsche dort.

Eine der beiden beschrieb sich als »übergewichtig« und lebte seit zehn Jahren in einer sexlosen Ehe, die andere hatte nur gewalttätige sexuelle Erfahrungen mit Männern – und glaubte nicht so recht an Sex aus Spaß. Aber nun wollten sie es endlich wissen, und der Nachholbedarf muss immens gewesen sein, denn die Männergeschichten wirkten teilweise grotesk, verzweifelt, peinlich, manchmal aber auch komisch und sehr wahrhaftig.

Immerhin hatten die zwei Damen in vier amerikanischen Bundesstaaten unter Zuhilfenahme von 45 000 gemailten Wörtern sechsunddreißig Dates und dreizehn Liebhaber in elf Monaten.

Mehr als ich und all die jungen und alten Frauen, die ich kenne! Irgendwie war ich neidisch auf diese zwei wirklich freizügigen Weiber, die die gefühlvollen Vorstellungen, die man hauptsächlich Frauen zuordnet, in den Hintern traten. Wie wird man zur sexuellen Aggressorin und holt sich, was man braucht? Das war ja schon einmal das große Thema in den emanzipatorischen Siebzigerjahren. Aber kriegt man je seine verklemmte Erziehung aus dem System?

Eine der Frauen hatte eine recht gesunde Attitüde, wenn man das so sehen will. Sie wollte keine Partnervermittlung bezahlen und sie war offen für jede Art Mann – solange er gut küssen konnte. (Das kann ich nun wirklich gut verstehen.) Obendrein erklärte sie, dass sie ihre Vagina wie beim Telefonieren auf so etwas wie »anklopfen« und »makeln« einstellen würde, damit sie nichts versäumt. (Telekom, bitte eine Notiz für die ferne Zukunft machen!) Amerikanische Effizienz, nehme ich an.

Ihre Freundin, die mit dem zehnjährigen Sexentzug, kam auch gleich zur Sache. Sie hielt sich nicht mit höflichem Geplänkel auf, sondern klickte gleich die berüchtigte Kategorie »Lockere Treffen« an, da weiß nämlich jeder, dass es um Sex geht und nicht um schöngeistige Dates mit romantischen Abenden am Kamin, wertvolle Gespräche oder Museumsbesuche.

Zimperlich war sie nicht. Sie traf sich auch in Sex-Clubs und schwärmte von dem Ex-Sträfling, der ihr eine volle Stunde lang oralen Sex bescherte, dass es eine Freude war.

Miteinander bekannt wurden die beiden Frauen online, weil es einen flotten Dreier geben sollte, der aber dann aus Mangel an sprühender Lust nicht stattfand. Sie fanden sich gegenseitig netter als den Typen und entschieden sich, zusammen auf Männerjagd zu gehen. Und einfach war's. Auf jede einigermaßen willige Frau wartet »ein riesiger Süßigkeiten-Shop mit den größten Leckereien, die nur vernascht werden wollen«, vermeldeten die Frauen.

Wow! Vielleicht sind Amerikaner trotz ihrer legendären Prüderie doch lockerer als alle Europäer zusammen?

Geile Alte

Das Prinzip Bonbonladen für ältere Naschkatzen will sich, soweit ich das sehen kann, zumindest in den Online-Anzeigen und in Zeitungen in Deutschland nicht einstellen. Das gilt als unseriös.

Vielleicht liegt es an der wenig lustbetonten deutschen Sprache und der »anständigen« Kultur, die nichts mit Selbstironie und spielerischen Andeutungen zu tun haben will. Bei uns verstecken höchstens mal ältere Männer, die auch dafür größere Freiräume als Frauen haben, ihre sexuellen Wünsche hinter »junge, aufgeschlossene Asiatin zwecks zwangloser Vergnügen gesucht«, ohne dass es jemanden schert.

Frauen müssen sich vorsichtiger und gewählter ausdrücken, um nicht als billige, durchtriebene Sex-Seniorin geächtet zu werden. So wird im *Hamburger Abendblatt* von einer Sechzigjährigen sehr gediegen »ein zweiter Frühling erwünscht, damit der Herbst goldene Früchte trägt«. Es werden von sportlichen, fitten, jung gebliebenen, aufgeschlossenen und gebildeten Golferinnen und Kulturliebhaberinnen natur- und tierliebe Partner gesucht, die schrecklich viel Herz und Feinsinn haben – und nach Möglichkeit ebenso viel Kohle.

Das alles hört sich so an wie in einer noblen Novelle von der Art, wie sie immer so schön von Engländern verfilmt werden und in denen Judi Dench und Vanessa Redgrave mitspielen. Und über allem schwebt wie ein bedrückender Nebel, der nicht weichen will, der Anspruch auf »gute« Gespräche, in denen sicherlich nicht der Befehl »Runter mit den Klamotten!« eine große Rolle spielt.

Denn im Gegensatz zum Herz bleiben ein anderer Körperteil und sein möglicher Einsatz in den Anzeigen brav verhüllt. Mit keiner Silbe wird Sex oder auch nur das Wort Romanze erwähnt. Es soll spazieren gegangen, Rad gefahren, Scrabble gespielt, eine Kreuzfahrt gemacht, herzlich gelacht und klassischer Musik gelauscht werden.

Sollte man sich »näherkommen« bei all den feinsinnigen Beschäftigungen, dann könnte es sein, dass dezenter Sex stattfindet, und zwar, wie er sich gehört. Sexualität, das ehemalige *bête noire*, ist längst gezähmt und hat sich ein wenig an die sandfarbene Leinenkombination angepasst und die praktische Frisur, die beide in ihrer geschmackvollen Ausführung irgendwie den Unterleib wegmogeln.

Sie soll nicht auffallen, sie soll sich benehmen, die altehrwürdig gewordene Sexualität, und mit Understatement glänzen, soll so nebenbei und elegant sein wie das kleine Schwarze von Chanel – nicht ein greller Spaßfetzen von Dolce & Gabbana – und so geheim gehalten werden wie die Scheckkartennummer.

Scharfer Sex, laut, schwitzig und enthemmt, gehört angeblich der Jugend und der Vergangenheit an, was bleibt ist sensibler Sex, weich gespülter Sex, Häkel-Sex, Gourmet-Sex, Puschen-Sex, Sympathie-Sex, Frust-Sex – und ja, Senioren-Sex, die verschwiegenste von allen Sexspielarten.

Aber wie soll man diese Forderung der Gesellschaft erfüllen, wenn man zu der Generation gehört, die Sex und Liebe manchmal trennen wollte und konnte, die Frauenlust, One-Night-Stands, Affären genauso natürlich und legitim fand wie die Männer? Und jetzt im Alter gilt das nicht mehr? Soll die ganze damals neu erlernte Liebes- und Sexphilosophie geleugnet werden? Scheinbar ja.

»Nein. In dem Alter!«, wird empört gegeifert.

»Geile Alte!« ist der Ausdruck für Frauen, die Lust haben, wo Rost hingehört.

Nichts scheint schamvoller und schlimmer als triebhafte Frauen, die über sechzig sind. Sie sind fast so schlimm wie betrunkene Frauen, denen man unterstellt, absolut und mindestens hundertmal schrecklicher zu sein als männliche Säufer.

Warum das so sein soll, weiß ich nicht, ich kann bei betrunkenen Männern keinen höheren Wert auf der Liebenswert-Skala entdecken als bei Frauen.

Dabei treiben sie es überall, die Frauen (und Männer) ab sechzig, glaubt man Studien und persönlichen Unterhaltungen mit rüstigen Sexfans. Rund achtundsechzig Prozent der Siebzig- bis Achtzigjährigen sagen, dass sie noch ein Sexleben haben.

Dass rüstige alte Herren ihre Libido mit Viagra verlängern, ist inzwischen nicht peinlich, sondern selbstverständlich, aber was machen ältere Frauen, die nach den Wechseljahren Sex wollen?

Sie tun sich zusammen, so wie im ideenreichen Amerika, wo sich alte Frauen über siebzig in der *Purple Hat Society* zusammenschließen und ungeniert ihre Triebe bei kleinen Trips in einschlägige Sex- und Pornoshops zur Schau stellen, wo sie – lila Hüte tragend – laut lachend Dildos, rote Satinhöschen und Lederpeitschen begutachten, als wären es die Wochenangebote bei Aldi.

Schockierend auch die Anzeige vor sechs Jahren in einer renommierten New Yorker Zeitung der damals siebenundsechzigjährigen amerikanischen Autorin Jane Juska, in der sie ihre Lust »auf eine Menge Sex mit einem Mann, der mir gefällt« ohne große Umschweife kundtat. Sie kriegte eine Menge Zuschriften – und das, wonach sie suchte.

Da muss ich gestehen, dass ich nicht den Nerv dafür hätte.

Leider kenne ich keine Details aus Mallorca, aber in Florida, wo die meisten amerikanischen Pensionäre leben, gibt es offenbar eine sehr lebendige Sex-Senioren-Szene. Scheinbar treiben es die Alten so sehr, dass eine steigende Zahl Geschlechtskranker registriert wird. Die Regierung schuf deshalb einen kleinen Aufklärungsfilm, der *Sex And The Senior* heißt. Und statt echter Senioren spielen Figuren aus Knetmasse mit. Man möchte ja die älteren Herrschaften nicht unnötig mit faltigem Fleisch erregen.

Süße Jungs und reife Frauen

Meine Güte, was ist mit mir los? Ich habe mich heute dabei ertappt, wie ich im Bus einem jungen Mann mit einer sehr engen, sehr gut gefüllten Jeans auf den Schritt (oder nennt man das »sein Paket« wie im Englischen?) geguckt habe.

Scheinbar hat die Beschäftigung mit Männern dazu geführt, dass mein Blick und meine Aufmerksamkeit vom Gesicht einige Etagen tiefer gerutscht sind. Wie peinlich. Tun das alle Frauen? Ich erinnere mich gar nicht, dass ich das früher gemacht habe. Vielleicht liegt es an den immer noch zahlreichen fröhlichen und flirtigen Mails von jungen Männern, die in meine Mailbox flattern?

Nach dem jungen Andy bin ich eigentlich etwas desillusioniert. Und eigentlich habe ich mir nach meiner letzten längeren Beziehung – der mit dem jüngeren Mann – geschworen, allerhöchstens noch Fünfzig-plus-Männer in mein Leben und Bett zu lassen.

Andererseits finde ich mich zu streng und viel zu begrenzend. Ich antworte dauernd auf selbst so harmlose Mails wie die von *bennobody*, dreißig: »Ich würde dich gern kennenlernen, ich stehe auf ältere Frauen«, mit so was Bieder-mütterlichem wie: »Du könntest mein Sohn sein!«

Die Wahrheit ist natürlich, dass ich *finde*, dass er etwas sehr jung ist. Da nützt auch nicht die gern gestellte rhetorische Frage: »Zu jung *wofür?*«, oder die auf Toleranz frisierte Feststellung: »Was heißt das schon!«

»Alter ist eine Jahreszahl, finde ich. Du bist doch ein wirklicher Blickfang und von einer individuellen Schönheit«, schmeichelt mir Bernd, ein Biobäcker von zweiunddreißig.

Ich antworte ihm: »Also, das finde ich gut, dass du Biobäcker bist! Handwerk hat goldenen Boden, und das ist nicht ironisch gemeint. Bin Schwarzbrotfan, so sagt man ja im Norden, ›Korn an Korn‹ ist meine Lieblingssorte.«

»Na, sooo jung bin ich ja auch nicht«, antwortet er.

Ich glaube, junge Männer werden nicht gern daran erinnert, dass sie jung sind. Sie trumpfen damit auf, dass sie erfahren sind, zumindest genug, um eine bedeutend ältere Frau anzumachen.

Es fliegen noch ein paar harmlos-anzügliche Mails hin und her, in denen von Kuchen und Keksen, Naschen, Knabbern und anderen Genüssen die Rede ist. Sein Foto zeigt einen sehr niedlichen Blondie mit Beatlesfrisur, der es aber scheinbar faustdick hinter den Ohren hat.

Mein Date mit Andy zählt nicht, der war ein Langweiler, dieser hier ist netter. Also, warum nicht?

Man kann das ja ganz locker halten, und so schlage ich einen sehr bekannten Wurststand in der City vor. Eigentlich esse ich nie Wurst, aber ich finde die Idee einer Thüringer im Stehen mal etwas anderes, denn es ist schnell, billig, öffentlich, sozial, man ist mit dem einfachen Mann und der Frau von der Straße auf Du und Du und teilt sich praktisch mit der Welt ein Würstchen. Und man kann ganz schnell wegrennen, wenn es sein muss. Außerdem kann man, wenn man sich mit Leuten in einem zwanglosen Umfeld trifft, wo viele Menschen sind, gleich sehen, wie sie sich anderen gegenüber benehmen. Sind sie charmant und aufmerksam? Fällt es ihnen leicht, mit Fremden zu reden? Helfen sie der Mutter mit Kinderwagen, durch die enge Tür zu kommen? Heben sie Omas Stock wieder auf?

Ich finde zudem Essmanieren sehr interessant. Ich bin allergisch gegen Schmatzen und Menschen, die beim Essen viel reden oder gar spucken, dafür aber begeistert von Männern und Frauen, die irgendwie graziös ihr Hühnerbein oder Würstchen halten oder anmutig an einer Eistüte lecken können.

Bernd, schmal, groß und einfach »entzückend«, wie Toni sagen würde, zu der er eigentlich besser passt, beißt recht nett in seine Wurst, die er vorher in reichlich Senf gestippt hat, von dem dann auch ein wenig in seinem Mundwinkel landet. Irgendwie süß, man möchte es ablecken wie ein lasterhaftes Mädchen, oder abwischen, wie Mami.

Daran wird mir wieder klar, dass bestimmte Dinge doch etwas mit Jugend zu tun haben, denn diese Gedanken hätte ich bei Pensionär Hans nie gehabt (den habe ich in meinen Erzählungen ausgelassen), als er sich sein halb blutiges Filetsteak reingeschoben hat.

Ich schlage einen kleinen Spaziergang im Botanischen Garten vor. Mein Gott, es ist Frühling. Wir kaufen uns ein Eis in der Waffel, das heißt ich kaufe es ihm. Männer beim Eislecken zu beobachten ist sehr empfehlenswert, weil selten, denn sie kaufen sich meistens nur Becher mit Löffeln. Frauen sind wohl mehr die genüsslichen Leckerinnen, denn Lecken ist unmännlich? Oh, wie Freud sich freuen würde bei dieser Entdeckung von mir!

Wir schlendern eisleckend zwischen blühendem Rhododendron hindurch.

Das macht mich sehr nostalgisch, denn das sind meine Lieblingssträucher, und ich assoziiere riesige Mengen von Rhododendron immer mit den Parks, in denen mein erster Freund und ich im ersten Frühling unserer Liebe immerzu spazieren gingen, uns ins Gras legten und uns abküssten oder spätnachts auf Bänken herumlungerten, ebenfalls küssend. Verliebtheit fand in der Natur ihre Vervollkommnung. So, als würde die Natur bei einem Treffen von zwei Menschen das dritte und sehr wichtige Element sein, das genauso beeinflusste und inspirierte wie Gesten und Stimmen.

Bernd und ich setzen uns auf eine Bank, er rückt näher, guckt mich begehrlich an und küsst mich auf die Wange mit den Eislippen. Etwas daran ist vielversprechend, und ich überlege, ob ich mit ihm nach Hause gehen sollte, er hat schon gesagt, dass er den Nachmittag frei hat. Sicherlich ist seine Bude voll mit Ikea-Möbeln, Computern und seltsamen Farbkombinationen.

Sex in der Studentenbude, muss das wirklich sein? Ich *hatte* Sex in Studentenbuden! Vor vierzig Jahren!

Er zieht mich näher an sich heran, mein Rücken versteift sich etwas, und ich rücke mit einem nicht ganz echten Lächeln weg. Nein, kommt nicht infrage.

»Komm, gehen wir ein Stück«, schlage ich vor.

Er guckt mich verwundert an, seufzt, steht aber auf. Wir gehen los, er greift meine Hand und will sie festhalten, aber so rührend das irgendwie ist, mir passt es nicht, ich ziehe die Hand weg und lege schnell meinen Arm leicht um seine Taille, was ihn freudig überrascht.

Völlig verrückt eigentlich, dass Hand in Hand zu gehen – wohl eine mit starker Symbolik belegte Handlung – intimer sein kann als eine stürmische Umarmung. Ich denke an eine Folge von *Sex And The City*, in der Samantha ihren hübschen jungen blonden Beau, den sie heimlich liebt, empört auf der Straße zusammenstaucht, weil er locker ihre Hand beim Gehen nimmt. Ficken tut sie ihn gern und oft, ja, aber das ist etwas ganz anderes! Sie will mehr Distanz.

Nun ist das ja nicht das Szenario hier, ich habe keinen jungen Freund, könnte aber einen haben, wenn ich nicht so zickig wäre. Nein, schüchtern eigentlich. Und das merke ich immer wieder, wie schüchtern und unsicher ein großer Teil in mir eigentlich ist. Ich wollte es mein Leben lang nie wahrhaben, es gefiel mir nicht, denn ein anderer Teil von mir war durchaus Jägerin, und auf diesen Aspekt hatte ich meine sexuelle Persönlichkeit mehr stilisiert. Es war ein sexy Image, das Unabhängigkeit mit einem Schuss Aggression versprühte.

Aber auch die Zeiten sind vorbei, das muss ich einfach hinnehmen. Der Imagewechsel hat bereits im wirklichen Leben stattgefunden, jetzt ist es an mir, ihn in und an mir zuzulassen und zu integrieren. Es ist ein bisschen so wie in den Filmen, in denen die jung wirkende, attraktive Heldin schmerzlich einsieht, dass sie die Rolle der jugendlichen Liebhaberin abgeben muss, um in das etwas seriösere Fach zu wechseln und ihrem Alter entsprechend zu agieren.

Aber wer möchte schon diese Mahnungen des echten Lebens hören? Wir sträuben uns mit Händen und Füßen dagegen, dass man uns diese so geliebte und schmeichelhafte Rolle brutal unter dem nicht mehr knackigen Hintern wegreißen will. Ich auch. Aber ich merke, dass mein Widerstand schwächer wird.

Hier und heute könnte mein Abschied von der Jugend sein, die sich mir immer mal wieder in verschiedenen Formen anzubieten scheint. In dem Interesse an Gesprächen mit mir, in gelegentlichen begehrlichen Blicken jüngerer Männer. Ich empfinde Dankbarkeit für diese Generosität des Lebens, entschließe mich aber, nicht unbedingt immer etwas nur deshalb zu machen, weil es mir noch möglich ist.

Und plötzlich mag ich meine Schüchternheit Bernd gegenüber, die vielleicht nur Vernunft ist. Solange sie mich nicht wirklich von inspirierenden Menschen und Situationen fernhält, darf sie bleiben.

Bye-bye, Bernd.

Das erste Mal, dass ich den schmerzenden Stich des reifen Alters in Verbindung mit Männern empfand, glücklicherweise etwas sehr spät, war bei einem Treffen mit einem viel jüngeren Mann. Ich war einundfünfzig Jahre alt und bei einer Party gewesen, die aus sehr kreativen und attraktiven Menschen bestand.

Ich war sicherlich eine der ältesten Personen, aber das Licht, oh wow, das muss sehr günstig gewesen sein, wie es ja oft bei schummerigen Partys der Fall ist. Ein junger, sehr interessanter Schreiber von Mitte dreißig heftete sich an meine Fersen, wir flirteten und tanzten, und wahrscheinlich hätte ich ihn abschleppen können, aber das fiel mir noch nie leicht, und außerdem muss man nicht jeden netten Jungen ins Bett locken wollen.

Wenn mehr Frauen es beim Flirten und Küssen belassen würden, in sich ein vollkommener Spaß, gäbe es weniger Frust und weniger erregte Anrufe bei der Freundin mit der Frage: »Warum ruft er nicht an?«

Er wollte mich unbedingt am nächsten Tag zum Frühstück treffen. Wir verabredeten uns. Arglos wie ein tapsiger Jungbär ging ich in die Falle, die da heißt Tageslicht!

Wir saßen um elf Uhr bei Rührei und Latte macchiato auf der Terrasse eines Cafés. Ich fand, dass er mich immer wieder verstohlen musterte, und sein Blick nahm einen überraschten und distanzierten Ausdruck an. Nichts war mehr da vom flirtigen, sexy Geplänkel der vergangenen Nacht.

Wir waren beide nicht etwa betrunken gewesen, also konnte die Realität sicherlich nicht gleich Melanie Mumie, die Frau mit den Falten, aus mir machen. Aber ein wehes kleines Gefühl bemächtigte sich meiner, so etwas wie ein Abschied. Viel wurde in der Literatur von dem für reife Frauenhaut wenig vergebenden Tageslicht geschrieben, und nun saß ich mittendrin und mir gegenüber ein junger Mann, der abgekühlt war wie ein Nordseeschwimmer im März.

Für einige Sekunden verstand ich Dracula und sein vernünftiges Begehren, beim ersten Sonnenstrahl Reißaus in den dunklen Sarg zu nehmen, beschützt vor Entblößung und Verfall.

Ich weiß nicht wirklich, ob ich mir das alles nur einbildete, oder der Mann lediglich eine andere Laune hatte und ich zu überempfindlich, unsicher und eitel war. Egal. Für mich war diese Episode der erste wichtige Schritt zur Akzeptanz, dass es Grenzen gibt, die mit der Zeit immer schwieriger zu überwinden sein würden. Schlau wäre, sie nicht überwinden zu wollen …

So wie Kristin, eine Freundin von Sarah: »Das ist gemein und verletzend«, jammert Kristin, die sich seit einem halben Jahr in offizielle Veranstaltungen wie flotte Single-Partys und Speed-Dating einfädeln will.

Nur klappt das nicht, denn keiner will Kristin. Sie ist liebenswert, interessant, hat keinen Buckel und hinkt nicht, sie ist sogar recht hübsch. Aber Kristin ist zweiundfünfzig, und ein Dating-Service will eigentlich nur Frauen bis Anfang vierzig. Gibt's davon mehr, sind sie schöner, haben sie mehr Geld und müssen sie deshalb umworben werden?

Die arme Kristin ist ein Seelchen und fühlt sich wie eine Leprakranke. Ich finde, es ist keinesfalls »verletzend«, es ist eine dreiste Unverschämtheit mit einem offiziellen Namen: Altersdiskriminierung.

Auch mich lässt man nicht zur *Rock-'n'-Flirt-Party*. Nur bis neunundvierzig, heißt es dort. Dabei kann ich beides, flirten und rocken, und zwar so gut, dass sich manches junge Huhn einige Inspirationen von mir holen könnte.

»Weißt du was?«, sage ich zu Kristin. »Fuck them! Die können uns mal!«

Forever Young oder Falten
sind eine Frechheit

»**What a drag it is getting old**«, sangen die Stones schon 1964, ganze vierundzwanzig Jahre alt, und man wundert sich schon manchmal über die Reife, die gerade die Rockbands der Sechzigerjahre demonstrierten.

Ob es wirklich stimmt, dass Altwerden schrecklich oder eine wundervolle bereichernde und vor allem natürliche Transformation ist, werden wir und besonders die Jüngeren wohl nie so ganz unbekümmert herausfinden können. Spaß, Glück und Zufriedenheit, vom Stolz ganz zu schweigen, die ja durchaus entstehen könnten, wenn man seine persönlichen Lehr- und Meisterjahre betrachtet und sich beglückt wundert, dass man einigermaßen in einem Stück alles überlebt hat, sind kaum mehr erlaubt. Die verdiente Ruhe, wie es so schön einmal hieß, hat sich in unverhältnismäßige Hektik verwandelt. Und in Sorge. Dass man nicht mehr mithalten kann, weil das eine Attribut fehlt, dem neuerdings mehr Macht zugestanden wird als Intelligenz, Reife und Erfahrung: *Hotness*. Es ist ein hinterhältiges, oberflächlich glitzerndes, völlig verwirrendes Wort, das in niemandes Leben etwas zu suchen haben sollte – außer dem von Meteorologen oder MTV-Ansagern vielleicht.

Doch alles muss heute *hot* sein. Dein Aussehen, dein Toaster, dein Auto, dein Salat, deine Schuhe, deine Espressomaschine, deine Attitüde, dein Klopapier. *Hot hot hot*, alles andere ist out und lahm. Und *unsexy*, und das ist schlimmer als nicht *hot*, das ist ein Todesurteil. Weil du unsichtbar bist. Du spielst nicht mehr das Spiel, bist nicht mehr Beute, die große Verlockung mit den Bambiaugen, den schmalen zarten Gelenken und der seidigen, straffen Haut.

Aber ich will nicht mehr *hot* sein! Ich will meine Ruhe haben!

Forever Young – das ist der magische, tragische Wunsch des Menschen und, so wie fast alle ganz großen Wünsche und Sehnsüchte, unerfüllbar. Auch ich habe zwischendurch Dorian-Gray-Momente oder vielmehr Doriana-Gray-Momente.

Dorian ist der Mann, der seine Seele verkauft und nie alt wird – stattdessen altert sein Porträt.

Sicherlich ist es Selbstschutz, dass es Momente gibt, in denen das eigene Gesicht, so vertraut in all seinen verschiedenen Stadien, kaum verändert wirkt. Jeder ältere Mensch wird betonen, dass er sich innerlich sehr oft unverändert jung fühlt, was seine Gefühle angeht. Nur ist das innere Alter oft schwer zu kommunizieren, denn sogenanntes jugendliches Benehmen bei ganz klar überreifen Erwachsenen wirkt, besonders was Kleidung und Sprache angeht, wie eine illegale und peinliche Grenzüberschreitung, die geahndet werden sollte.

Klar, wenn man seine Falten als so tragisch empfindet wie einen nicht operierbaren Tumor – und man zu viel Kleingeld übrig hat –, dann muss man den Schaden wohl mit Nadel und Skalpell beheben. Aber will man wirklich glatt gebügelt aussehen oder wie eine Kreatur aus Dr. Beauty's Gruselkabinett?

Ich möchte sehr gern daran glauben, dass Sexualität und Schönheit nicht nur auf Jugend, Botox und perfekten Formen begründet sind. Selbst junge Männer wollen offenbar nicht unbedingt nur Federbettlippen, kreisrunde Gel-Brüste und einen Blick aus künstlich erzeugten Mandelaugen.

Ich nehme an, die Hauptidee bei der kosmetischen Verjüngung ist die, das ursprüngliche Selbst zu erhalten, und zwar das, welches in der attraktivsten Lebensmitte eingefroren ist. Betonung auf eingefroren. Denn die Wahrheit ist, dass ein kosmetisch verjüngtes Gesicht weniger erhalten als vielmehr brandneu aussieht. Und fremd. Und unnatürlich. Man kann nichts konservieren außer toten Tieren, Marmelade, Gewürzgurken und Gehirne im Glas.

Und was ist schon unser bestes, schönstes Selbst? Wenn man schlau ist, nimmt man das augenblickliche und genießt die weiteren Veränderungen, die sehr interessant sein können. Denn wir sind es noch, und sind es doch nicht mehr. Optimisten sagen, wir bleiben wir selbst im Alter. Wenn das nur für die schönsten Eigenschaften gilt, dann ist das wunderbar. Und wenn man die Natur walten lässt, wie sie will und gut kann, dann gibt es andere Belohnungen. Also wäre es wahrscheinlich nicht so schlecht, sich nach dem Lebenszirkel und dessen Regeln zu richten, die sich eigentlich über Jahrhunderte als recht vernünftig herausgestellt haben. Das ist wie mit Obst und Gemüse, das am besten schmeckt, wenn Saison dafür ist.

Und wenn man wieder an einer Hundert-Euro-Creme gegen »absackende Haut« – so der Fachbegriff – vorbeikommt und die Scheckkarte wie wild zappelt, einfach erhobenen Hauptes weitergehen. Die Zeit ist knapp, und hier ist die Probe. Für die Rolle der interessanten, also auch intelligenten Frau. Die muss gut vorbereitet werden. Man könnte es auch anders nennen: erwachsen sein.

Absolut fesselnd

Viele sagen, dass Online-Dating und besonders die erstellten Profile unrealistisch und irreführend sind. Das stimmt nur teilweise. Gerade durch das ungehemmte Ausdrücken ihrer Wünsche, auch der sonst unterdrückten, und die beschützende Anonymität sind die Menschen offener und ehrlicher. Wo man früher vielleicht zwei quälende Dates über sich ergehen lassen musste, um ein paar Informationen aus jemandem herauszukitzeln, genügen manchmal ein, zwei Sätze in einer Mail oder im Chatroom, und man weiß, nein danke, nix für mich. Der Nächste, bitte. Schnell, sicher, sauber – alles eine Reflektion der Zeit mit ihrer emotionellen Ökonomie.

Als ich auf Hartwig aufmerksam wurde oder vielmehr er auf mich, war ich ein klein wenig fasziniert. Ich langweilte mich sowieso gerade mit einigen Herren, von denen einer fragte: »Kannst du mir sagen, wann du das letzte Mal so richtig Herzklopfen hattest? Dieses Gefühl, einen Regenbogen umarmen zu können, kennst du es?«

Ehrlich gesagt ist mir dieses alarmierend innige Gefühl für Regenbögen fremd, soll es auch gern bleiben, aber da wir gerade beim Umarmen sind: Ich war bisher Internetbegegnungen aus dem Weg gegangen, die einen eindeutig sexuellen Charakter hatten. Ich bevorzuge nach wie vor die subtile Form von Erotik, die nicht vorher per Mail diskutiert wird wie in einer Talkshow. Aber hier war etwas, an dem mein neugieriges Autorenherz mehr interessiert war als das der rasend scharfen Frau. Oder mache ich mir etwas vor, weil ich tausendmal spießiger bin, als ich zugeben mag?

Hartwig ist ein weit gereister ehemaliger Galeriebesitzer, der in Spanien lebt und sich als »verschmusten Atheisten und realistischen Träumer, scheu und doch neugierig« darstellt. Er ist sehr angenehm überrascht, jemanden wie mich unter den Kandidatinnen zu finden, denn alle Frauen im Dating-Angebot waren ihm zu dumm, zu wenig witzig und zu poplig, sagt er.

Die Fotos zeigen einen schlanken, braun gebrannten, dunkelblonden, gut aussehenden Mann. Er ist einundsechzig, Typ Ex-Hippie, ganz in weißes Leinen gekleidet, in einem geschmackvoll sparsam eingerichteten Haus im Süden. Es ist zwar auch ein Foto mit nacktem Oberkörper im Badezimmer dabei – ein immer wiederkehrendes Phänomen, dem ich bisher noch nicht auf die Schliche gekommen bin, aber nun ja.

Er sei zu Besuch in Deutschland, auch in meiner Stadt, und wolle mich gern treffen. Ich bin sehr dafür!

Als ich sein Profil und seine speziellen Interessen noch einmal durchlese, sehe ich ein Wort, das ich übersehen hatte! Er interessiert sich für Bondage, egal ob in Fotos oder im Leben. Also ein Sadomaso-Fessler?

Sofort rufe ich Sarah an.

»Du triffst dich nicht mit einem Perversling!«, entscheidet sie.

Karen wiederum sieht das anders.

»Du musst was wagen, ich finde dich einfach zu konventionell und zu feige«, schimpft ausgerechnet sie. »Sei doch mal sexy und anzüglich, lass dich treiben! Du musst ja keine Fessel-Fotos machen, aber tu doch erst mal offen und interessiert!«

Sie hat gut reden, denn sie ist in den letzten drei Jahren mit einem Makler, einem Manager und einem Studienrat ausgegangen – alles Männer, die vor Bürgerlichkeit platzten.

Ach verdammt, ich kann nicht aus meiner Haut, auch nicht der losen, dabei bin ich eigentlich sehr albern, führe Leute gern an der Nase herum und kann ganz gut schauspielern. Allerdings regt sich das Spieler-Gen ganz tief drinnen doch ein bisschen. Was soll's – ich werde ihn treffen.

Vielleicht suche ich nur nach Kicks für mein langweiliges sexfreies Leben, vielleicht habe ich eine versteckte Ader für das Quälen von Männern? Es gibt sicherlich irgendwo eine Studie, die besagt, dass sechsundneunzig Prozent aller Menschen aus Wut oder Lust anderen manchmal physischen Schmerz zufügen wollen, wenn sie es sich nur gestatten würden. Und immerhin besitze ich ein T-Shirt mit der Aufschrift »I like to make Boys cry« (Ich bringe gern Jungs zum Weinen). Und das stimmt. Auf eine nette Art natürlich!

Sicherlich geht es sehr vielen Menschen so wie mir: Sie interessieren sich nicht brennend für sexuelle Abarten, die mehr als nur harmlose Spaß-Foltereien umfassen.

Ich weiß nicht wirklich, was Leute in Leder so machen, die die Peitsche auf dem Frühstückstisch haben wie ich mein Müsli und die *Süddeutsche*. Wahrscheinlich gibt es feine Unterschiede zwischen Bondage, Fetisch und Sadomaso. Aber meiner Meinung nach hat das alles mit Ketten, Leder, Gummi, Peitschen, auf allen vieren kriechen, Fesseln, Pinkeln, Quälen, Unterwerfung und Schmerz zu tun. Man kennt die einschlägigen Fotos und konfessionellen Erlebnisberichte von Damen, die gern dominieren oder gequält werden, aus *Stern*-Artikeln, in denen derlei Geschichten aus der Sexgruft besonders beliebt sind.

Ob das nun meine relativ konventionellen Ideen von Sex sind, die mich so über diese Art der Spiele fantasieren lassen, weiß ich nicht. Doch selbst wenn ich wagemutig in mich hineinhöre, ist meine Bereitschaft minimal, mit über sechzig in ein quietschendes Gummiteil eingequetscht zu werden, sodass meine Haut, dort wo sie rausguckt, noch mehr wie Krepppapier aussieht.

Ich fände mich auch mit Ledermaske oder auf allen vieren kriechend irgendwie peinlich oder aber irre komisch. Es ist sicherlich nicht im Sinne des Fetischliebhabers oder Fesslungskünstlers, wenn sich die Frau vor Lachen und nicht vor Erregung kaum halten kann. Ich muss aber sagen, dass ich Michelle Pfeiffers schwarzes Lackkostüm als Catwoman in einem der *Batman*-Filme sensationell sexy, total unwiderstehlich und sehr verwegen fand. Aber das ist Hollywood und die Welt des Comicstrips.

Natürlich ist man auf seinen sexuellen Erlebnisreisen durchs Leben auch einmal neugierig auf dies und das. Und ja, auch ich habe es schon im Wald, auf der Toilette bei einer Party, in einer leer stehenden Baracke, an einem Swimmingpool und anderen interessanten Plätzen getrieben, wo man, wenn man Pech hat, entdeckt werden könnte. Heutzutage bleibe ich lieber überraschungsfrei in mir bekannten Räumen.

Ich habe eine Freundin, die an ihrem sehr schönen alten Gitterbett ganz demonstrativ Designerhandschellen hängen hat. Auf die Frage, ob sie die auch benutze, grinste sie frech: »Logisch.« Sie ist sechsundfünfzig.

Dieser eine jüngere feste Freund von mir, den ich so liebte, wollte immer mal, dass ich ihn »bestrafe« – was er weiß Gott verdient hätte –, und ich band ihm hier und da mit einem Cowboyhalstuch spielerisch die Handgelenke zusammen. Das war's auch schon. Ich fand es ganz gut, dass er mir hilflos ausgeliefert war, oder zumindest so tat. Das war ja der Sinn des Spiels.

Ich hatte am Telefon Hartwig gegenüber natürlich nichts von seinem »Hobby« erwähnt und wie ich dazu stand – er auch nicht. Leider kenne ich keine Sado-Bars, schlage aber eine ganz normale für einen Drink vor. Natürlich ist Sarah informiert, die unbedingt schützend zur Stelle sein will, bevor er sein Seil aus der Herrenhandtasche holt, nachdem er mich unauffällig mit Chloroform betäubt hat.

Doch Hartwig sieht bei unserem Date ein wenig wie ein verlorenes Blumenkind aus, wieder ganz in unschuldigem Weiß. Ich bin ganz in schwarz, trage einen Minirock (das geht noch bei mir, keine Angst!) und meine einzigen Stöckelschuhe, das ist mein gemäßigtes Domina-Outfit. Netzstrümpfe hätte ich zu viel gefunden.

Ihm gefällt's, und er sagt, dass er froh ist, dass ich so aussehe, wie er es sich vorgestellt hat. Wir bestellen Drinks, und ich sehe, dass er eine sehr arrogante Art dem Kellner gegenüber hat. Da spielt einer den Herrenmenschen. Aber das ist nur Show, denn sofort wittere ich etwas, wahrscheinlich so, wie ein Raubtier es tut. Er ist Opfer, er liebt die Versklavung, das ist sein Ding.

Sein Gesicht hat unter der Sonnenbräune einen leidenden und unterwürfigen Ausdruck, die Augen sind beim genauen Hinsehen müde und gequält.

Der arme Junge würde sofort gefesselt und geknebelt werden und mit der Lederpeitsche eins übergezogen kriegen, weil sein Gesicht darum bettelt, wenn er an die oder den Falschen gerät, denke ich.

Und diese Person bin nicht ich. Ich mag ihn nicht. Und er tut mir aufrichtig leid. Einen frechen, kernigen Typen hätte ich flirtig mit kleinen Bemerkungen provoziert, aber hier ist nur Bedrückung.

Ich lenke das Gespräch bewusst aufgeräumt auf Kunst und Ausstellungen und hoffe, er fragt mich nicht, warum ich ihn treffen wollte. Tut er auch nicht, denn dumm oder unsensibel ist er nicht.

Ich glaube, die Demarkationslinie zwischen Opfer und Täter ist gut und sichtbar abgesteckt für die, die sich im selben Terrain befinden. Ich bin hierbei keines von beiden, und das weiß er.

Und so ist der Abend kurz und ereignislos, und ich sollte lernen, meine Zeit nicht mit halbherzigen, deprimierenden Spielereien zu verplempern!

Sarah ist am meisten enttäuscht, hauptsächlich, weil sie nicht zum Einsatz kam.

Kein Mann im Warenkorb!

Ich glaube, ich muss ein paar Seelenausgrabungen machen und mir klar darüber werden, ob und was ich suche. Also bestimmt keinen Ehemann. Einer hat gereicht. Ich kann mir nicht vorstellen, dass ich so pervers bin, dass ich das ewig währende Eheglück heimlich nachholen will, jetzt, wo ich alt bin.

Ich hatte in letzter Zeit zwischendurch schon ein paarmal gedacht: Warum nur will ich einen Mann? Was fehlt mir denn wirklich, wenn überhaupt? Hat ein Mann tatsächlich mit der Vorstellung des Glücks zu tun? Dann wäre die Suche nach dem Mann eine Art Glückssuche, bei der der Mann zum Objekt und Glücksbringer hochstilisiert wird. Eine Rolle, der eigentlich niemand gerecht werden kann.

Und ist es nicht sowieso eine Lüge, die man uns von Kind an erzählt, dass ewige Liebe und Glück ein Geburtsrecht sind? Und dass irgendwo, dort im Weltgewusel, der Richtige wartet, der wie der Deckel auf unseren Topf passt? Denn nach dem »richtigen« Mann zu suchen ist wie nach der »perfekten« Kindheit zu suchen. Man wird sie beide nicht finden.

Wünsche und Vorstellungen sind eine Frage der Interpretation. Und sie unterliegen Strömungen, die das augenblickliche Leben spiegeln.

Was ich gern weglasse, ist folgender Fakt: Sich nach einem Mann umzuschauen heißt ja auch, sich wieder dem ganzen komplizierten Spektrum der Beziehungen der Geschlechter und der speziellen Paardynamik mit all ihren verführerischen und fatalen Fallstricken zu stellen.

Habe ich denn dazu noch Lust? Nicht wirklich, aber wenn ich es versuchen will, geht es nicht ganz ohne Risiko, auch wenn ich theoretisch mehr als genug über die rätselhaften Wege des Herzens weiß und bestens gewappnet sein sollte. Aber Widersprüchlichkeit ist das Herzstück jedes Menschen, auch wenn er sich noch so eindeutig und klar in seinem Gefühlsleben vorkommt.

Unser Innenleben ist wild und ungeordnet, archaisch, explosiv – und macht keinen sachlichen Sinn. Das, was man sich am meisten ersehnt, ist natürlich auch das, wovor man sich am meisten fürchtet. Kein Feld ist größer, komplizierter und schwerer zu kontrollieren als das von Liebe, Lust und anderen Gefühlen. Und nichts stürzt uns tiefer in die Hölle.

Her mit einem neuen Typen, sage ich seit Jahren, aber stimmt das wirklich?

Eine Sache fällt mir immer wieder auf, und sie gefällt mir nicht. Genau genommen ist die gezielte Suche nach Glück, also die Suche nach dem passenden Mann wie nach einem Kleidungsstück mit den richtigen Maßen und in bestimmter Farbe und perfektem Stil, zwar praktisch und effektiv, aber unglaublich fantasielos und unerotisch. Und entspricht so gar nicht meinem Charakter.

Ich bin ein Shoppingmuffel und meide Warenhäuser und Boutiquen, als wären sie Stätten des Satans. Der flink gefüllte Warenkorb, ob mit Männern oder Pullis in allen Farben, virtuell oder real, erfüllt mich nicht mit Glücksgefühlen, sondern mit Überdruss.

Ich bin der Flohmarkttyp, mag witzige, außergewöhnliche Einzelstücke, die auffallen und schön gearbeitet sind oder mich durch Originalität entzücken. Und ich stelle bei der Männersuche immer wieder fest, wie altmodisch ich bin, wie sehr ich nach Vertrautem suche. Ich sehne mich nach Schlendern, nach spontanem Innehalten und nach Zufällen, denn die Essenz des Bummelns ist der Überraschungseffekt, der unerwartete Fund beziehungsweise die Begegnung mit einem Menschen, die man gern schicksalhaft nennt.

Doch auch wenn es nicht um Liebe und Sex geht, haben überraschende und spontane Begegnungen einen besonderen Zauber. Der Vorteil eines zufälligen Treffens während einer Reise, auf dem Markt oder beim Zeitungsmann um die Ecke gegenüber einer Chatanfrage von einem stimm- und relativ gesichtslosen Mann liegt auf der Hand oder, besser, im Gesicht. Man kann es sehen und ein klein wenig in ihm lesen.

Ich will nicht so weit gehen und sagen, dass ausschließlich die Augen der Spiegel der Seele sind, aber ein lebendiges Gesicht, anziehend und geheimnisvoll, hat fast alles, was man braucht, um festzustellen: Mit dem möchte ich weiterreden, ihn kennenlernen, ihn wild küssen, mit ihm unbedingt Sex, einen Bausparvertrag und sieben Enkelkinder haben.

Die Qualität des Zufalls hat etwas Deliziöses. Nichts ersetzt das Herzflattern, den Anflug von zittrigen Knien, das Pochen des Blutes in der Halsschlagader, das trockene Schlucken, ja sogar das Erröten, wenn wir jemanden sehen, der so einen Effekt auf uns hat.

Die Aura. Es ist die Aura, unerklärlich und mysteriös, die Männer und Frauen berührt und zu spontanen Handlungen verführt.

Mir ist einmal etwas sehr Hübsches passiert, als ich vierunddreißig war. Ich hatte einen tollen Freund, den ich liebte. Wir lebten nicht zusammen, wohnten aber nur zehn Minuten voneinander entfernt. Ich war auf dem Weg zu seiner Wohnung, als ich einen wirklich gut aussehenden Mann – groß, schwarzlockig, markantes Gesicht – bemerkte, der mir praktisch hinterherging. Ich fand's recht spannend und war geschmeichelt, tat natürlich so, als würde ich es nicht merken. Kurz vor der Haustür sah ich aus dem Augenwinkel, dass er seinen Schritt beschleunigte.

Aber doch bitte kein Stalker, wünschte ich mir.

Bevor ich die Eingangstür aufschließen konnte, schoss er an mir vorbei, lächelte mich an und schloss die Tür auf und ließ mich, die sehr erstaunt war, vorangehen. Dann stellte er sich vor.

Er wohne seit Kurzem in dem Haus, hätte mich ein paarmal gesehen, immer allein, und sei mir hinterhergerast, um mich zu erwischen. Ob ich mit ihm ausgehen wolle?

Ich bedauerte ein wenig, dass ich ernsthaft liiert war, sagte ihm aber, dass ich vergeben sei. Er war enttäuscht, ich fand ihn wirklich mutig.

Erlebt man so was im Internet? Nein.

Altmodisch – in jeder Beziehung

Ich besitze einen kleinen roten Puppen-Pappkoffer mit Liebesbriefen aus vier Jahrzehnten. Jedes Mädchen, das in den Fünfzigerjahren Kind war, hatte so einen kleinen Koffer mit Schnappverschlüssen, in dem sie die Puppengarderobe oder Glasmarmeln, Oblaten-Tauschhefte, eine Strickliesel oder andere Objekte aufbewahrte, die kleine Mädchen damals so besaßen.

Es ist jetzt nicht so, dass ich die aufregendste und meistbedichtete Frau bin, die Männer zu Liebesschwüren hinreißt, aber die Sechziger- und Siebzigerjahre waren eine sehr reiselustige Zeit. Ich war jung, viel unterwegs und lernte viele nette Männer kennen. Das heißt, auf sie passt eher der Ausdruck »süße Jungs«, denn das Männerbild hatte sich gerade gewandelt – von brav gescheitelten Bubis zu weichen Lockenköpfen, die ihre Haare wachsen ließen.

Man verliebte sich alle zehn Minuten, ich jedenfalls, und dann hatte ich irgendwann einen wunderbaren Liebesbrief im Briefkasten, der oft mit schmückendem Beiwerk verziert war. Mit einer Blume, einem Herz oder anderen kleinen Zeichnungen, oder der Umschlag bedeckt mit der Aufschrift: »Ich liebe Dich«!

Die Postbeamten hatten einen unterhaltsamen Job damals, als die Briefkästen mit von Hand adressierten Brie-

134

fen gefüllt waren und es noch keine unerwünschten Broschüren, Pizzaflyer und blöde Wochenzeitungen gab. Es war aufregend, so einen Brief aufzureißen und die Zeilen zu verschlingen, die mit süßen Worten, Erinnerungen und sachten Anspielungen (man war noch nicht ganz so explizit wie heute) gespickt waren. Ich stellte mir seine Stimme vor, seine Gesten, seine Arme und Küsse, sein Gesicht und seinen Geruch. So ein Brief wurde zu einem kostbaren Dokument der eigenen Einzigartigkeit, einem Beweisstück der Liebe, das so oft gelesen wurde, bis es zerknittert und letztendlich angegilbt und leicht verblasst irgendwo verschwand.

Was die Sehnsucht verdoppelte, war die momentane Unerreichbarkeit, denn das Objekt der Begierde entzog sich den üblichen Möglichkeiten der Kommunikation – Ferngespräche kosteten ein Vermögen –, was alles nur noch aufregender und sehnsüchtiger machte.

Ich war bei zwei Umzügen vor einigen Jahren dicht dran, die Briefe wegzuwerfen. Sie waren so alt, gehörten zu einer Zeit, die so weit weg war. Ich war doch gar nicht mehr dieselbe Person, die angehimmelt und bedichtet wurde. Aber ich war zu sentimental, um sie wegzuwerfen, und heute bin ich froh, dass ich es nicht getan habe.

Diese Liebesbriefe sind nicht nur wundervoll authentische Signale aus den Herzen verliebter Männer, sondern mittlerweile eine Rarität wie Telefone mit Schnur, Eisenwarenläden und bald auch Filtertüten. Durch sie wurde ich zur Hüterin einer verlorenen Sprache, deren Worte in der heutigen poesielosen Liebeskultur wie Perlen der Sprachkunst wirken.

Das Fehlen von Briefen ist inzwischen ein Thema, das in unserer Gesellschaft immer präsenter wird und besonders melancholisch stimmt, wenn die Haarwurzeln ergraut sind und man sich noch an echte Maikäfer, Lumpensammler und Nickipullover erinnert.

Und ist es nicht rührend, dass es einmal Poesiealben gab? Natürlich nur für Mädchen. Ich hatte ein dunkelrotes mit goldenem Aufdruck. Eigentlich war ich eine moderne Micky-Maus-Heft-Sklavin und lebte in Sprechblasen direkt in Entenhausen. Aber im Poesiealbum, das jeder Freundin aufgedrängt wurde, gab es kein »Kreisch«, »Plopp« und »Wumm«.

Mit krakeliger Schrift wurden die banalsten Sprüche sehr sorgfältig auf die holzigen Seiten gefummelt, von denen mir das beängstigend anspruchsvolle »Edel sei der Mensch, hilfreich und gut« ins Hirn gemeißelt zu sein scheint.

Heute gibt man per Hand oder Mund Signale, die wie Morsezeichen sind und sachlich hin- und hergeschickt werden. Wortschatz der Kandidatinnen bei *Germany's next Topmodel*: voll schön, echt geil, voll abgefahren, oberschön, voll sexy, echt hot.

Wir führen ein Stichwörterleben. Bitte kreuzen Sie an: das Leben als Formular.

Die Sache mit der Männersuche hat auf mich zwischendurch einen negativen Effekt und ist so frustrierend, dass ich damit aufhören will. Ich stelle fest, dass ich selbst mit den Männern, die eigentlich sympathisch und intelligent wirken und mit denen ich mich am Telefon gut unterhalte, einen etwas sperrigen Dialog habe, was an mir liegt.

Ich wundere mich, warum ich nicht einfach etwas sonniger und lockerer bin und warum es mir so wichtig ist, authentisch und absolut ehrlich zu erscheinen.

Es ist wie ein Befehl an die Männer, gefälligst dieses Bild von mir ohne Wenn und Aber zu akzeptieren, oder ich würde ihnen die Hölle heißmachen.

Wovor habe ich Angst?

Dass mich jemand anders sieht als ich mich selbst? Warum will man unbedingt, dass das Selbstimage stimmt? Natürlich, wir alle brauchen ein Korsett, ein wirklich gut stützendes, sowie einen hübschen, regendichten Umhang, der hieb- und stichfest ist, um den Stürmen des Lebens zu trotzen und die sensible Seele und dünne Haut zu schützen.

Das machen alle, ganz besonders die Seelchen, die sich als toughe Frauen sehen. Was sie *auch* sind. Aber eben auch Seelchen. Dabei ist seelenvoll sexy.

Das sagte einmal ein Freund vor ewigen Jahren zu mir, den ich zwischen meinen furiosen (und gerechtfertigten) Attacken mit Weichheit und Liebreiz überraschte – wonach wir immer im Bett landeten.

Ich war stets sehr direkt, liebte Konfrontationen, auch wenn sie mich nicht unbedingt glücklich zurückließen. Die sogenannte Offenheit, die ich besitze, verbirgt eine ganz schüchterne Person, das merke ich immer wieder. Wie bei den meisten Menschen kommt die natürlich besonders bei persönlichen, emotionellen und sexuellen Themen heraus.

Wie vielschichtig wir doch alle sind!

»Sagt mal, bin ich wirklich so tough?«, frage ich Sarah und Karen.

»Manchmal schon«, sagten beide unabhängig voneinander, »aber wir kennen dich und deine wirklich liebevollen und süßen anderen Seiten, das gleicht es wieder aus.«

Ob sie lügen, weil sie mich mögen?

Ist egal, ich akzeptiere ihr Urteil.

Andere Länder, andere Sitten

Dating in Deutschland ist eine Sache, aber wir Frauen sind ja auch sehr kosmopolitisch geworden, haben sexuelle Barrieren durchschritten und internationale Grenzen gesprengt. Die Welt ist groß, der Männer gibt's viele, und ausländische Lover und Ehemänner sind alltäglich geworden. Wenn jetzt eine Frau willens wäre, überall hinzureisen, nicht virtuell, sondern richtig, mit Körper, Geist und Seele, wohin sollte sie reisen? Ich selbst war im letzten Jahr in vier Ländern (Indien, Italien, Spanien/Mallorca und den Vereinigten Staaten) und würde gern von ein paar Beobachtungen einer Singlefrau von sechzig-plus berichten, denn sie sind alle ziemlich positiv.

Im Lexikon der interessantesten Männer der Welt gibt es natürlich ebenso die wildesten Klischees wie auf allen anderen Ebenen, und Geschmack ist subjektiv.

Bleiben wir zunächst in Europa, wo es die angeblich feurigen und stolzen Spanier, die amore-freudigen Italiener, die charmant-arroganten Franzosen, die liberalen Holländer, die netten Dänen, die humorlosen Deutschen, die wohltemperierten Engländer, die sexy-smarten Iren (finde ich jedenfalls!), die farblosen Balten, die unsinnlichen Russen, die Macho-Türken und so weiter gibt. Laut neuester Studie lassen Italiener und Franzosen die Herzen der deutschen Singles höher schlagen als alle anderen Europäer.

Ich hatte ja nun mein unergiebiges Abenteuer mit Mario gehabt, theoretisch fehlte mir ein Franzose.

Venedig

Trotzdem habe ich statistisch gesehen Glück, denn ich werde von einer Freundin nach Venedig eingeladen. Also noch einmal eine Runde Italiener.

Das war allerdings auch perfektes Timing, denn ich hatte mal wieder genug von den verschiedenen Profilen, die mir geschickt wurden, von denen nur ein *kuschelbär* erwähnt werden soll, »der eine Rubens-Schönheit sucht«, selbst aber nichts außer »hemmungsloser Lust« und eine Einzimmerwohnung zu bieten hatte, und ein vierundfünfzigjähriger *Lonely-Hartz*-Alleinerzieher, der gern ein »zärtliches, frauliches, schlankes, herzensgutes, einfaches und erotisches Wesen, welches bei Regen und Sonne den Regenbogen sieht und auf den Sonnenschein wartet« frei Haus geliefert bekommen wollte.

Bei diesen bescheidenen Wünschen kam ich mir keineswegs zu anspruchsvoll vor, wenn ich mir insgeheim ausmalte, wie mich ein eleganter Conte mit grauen Schläfen und seidenem Einstecktuch in seinem Blazer mit Goldknöpfen in einer vorbeifahrenden Gondel entdeckt, den Gondoliere anhält, mich aussteigen lässt und für ein champagnergetränktes Tête-à-tête in seinen Palazzo geleitet.

Warum diese absurd romantischen Vorstellungen, selbst als Scherz, so fest in die Gehirnwindungen einer so geerdeten Frau wie mir eingraviert zu sein scheinen, vermag ich nicht zu sagen. Ich würde nämlich dem suaven Signore bei nur dem leisesten Hauch von Machotum seine Tortellinis auf die Bügelfalten seiner Cerutti-Hosen kippen. Also ziemlich schnell.

»Keine Angst«, sagt meine Freundin Anja, die in Venedig lebt, »nichts dergleichen wird passieren. Die Italiener sind besonders schlimm. Du bist als Frau über vierzig unsichtbar. Ich muss mich schon extrem aufbrezeln, damit mal einer nach mir guckt!«

Nach ihren Aussagen zählen nur zwanzigjährige aufgetakelte, blondierte, nasenoperierte Bimbos in hochhackigen Stiefeln und mit diesen leeren Shoppingaugen, die wie Glasmurmeln aussehen.

Es ist keine wirkliche Überraschung, denn der neue *Planet Barbie*, ein kitschiges rosa Konsumparadies für geistlose Girlies, hat sich überall auf der Welt an den altmodischen, ganz gewöhnlichen Homo-sapiens-Planeten angehängt, in dem wir normalen Frauen unser Leben fristen.

Aber es kommt dann doch ganz anders. Ich, mit meinen silbergrauen Haaren, falle scheinbar häufiger auf als viele Jüngere, denn nur innerhalb eines Tages werde ich zweimal eindeutig und auffallend bewundernd angelächelt, ein junger Mann dreht sich pfeifend nach mir um, ein älterer ebenso (ohne Pfeifen) – und am Nachmittag will mir ein zugegeben ziemlich alter Gondoliere einen Cappuccino ausgeben.

Ich bin ein großer Fan von grauen Haaren und trage sie mit einem gewissen Stolz. Und nicht ein einziges Mal habe ich in den letzten Jahren das Gefühl gehabt, als wäre das in irgendeiner Form zu meinem Nachteil gewesen.

Im Gegenteil.

Ich habe sowieso schon öfter gemerkt, dass graue Haare irgendwie leuchten und ein Statement abgeben, das besagt: Ich bin nicht ganz jung, aber ich bin wer, ich habe Erfahrung, ich habe gelebt, und wenn euch mein Alter nicht passt, färben werde ich meine Haare euretwegen nicht!

Vielleicht liegt es auch daran, dass es den klassischen weiblichen Pensionärs-Proll-Prototyp, dem deutschen sehr ähnlich, auch in Venedig in großer Anzahl gibt. Mollige paffende Frauen mit gelb gefärbtem Kurzhaarschnitt, scheußlicher Sonnenbrille mit Goldverzierung, Veloursjogginganzug und falscher Vuittontasche sind nicht so selten, wie man es gern hätte. Wer als ältere Frau nicht so aussieht, hat also schon mal gute Karten.

Diese Art der Karte wird gleich am nächsten Nachmittag ausgespielt. Ich sitze auf einer Bank in dem schönen Biennale-Park und bemerke einen Herrn, der seit ein paar Minuten um mich herumstreicht wie ein Kater auf Brautsuche. Durch meine klassisch altmodische, schwarze Sonnenbrille kann ich ihn unbemerkt angucken. Professioneller Aufreißer, würde ich sagen, wenn auch ein unkonventioneller Typ.

Groß, sehr dünn, helle Leinenhose, weißes Hemd, dunkle Weste, auf den ergrauten längeren Locken ein fescher, leicht verbeulter Strohhut.

Ich habe wohl einen Anflug von Lächeln im Gesicht, denn schwupp, setzt er sich schnell dazu und lächelt mich auch an, während er anfängt, sich eine Zigarette zu drehen. Seine Zähne sind schief und bräunlich verfärbt, sein Grinsen aber sehr nett.

»You Swedish?«, fragt er ohne Umschweife.

Warum muss man schwedisch sein, wenn man hellhäutig und blond-silbern ist? Ganz falscher Einstieg!

Ich schüttele den Kopf, was er zum Anlass nimmt, alle skandinavischen Länder zwecks meiner Nationalität durchzufragen.

»You German?«, kommt es zum Schluss. Bingo. Er ist glücklich und hakt sofort nach: »Are you married?«

Ich sage, dass es ihn nichts angeht, er pariert mit: »Doch.« Sein Gesicht rückt näher an meines.

»Nimm Brille ab, du hast bestimmt schöne Augen«, säuselt er.

Ich lasse sie auf.

»Aber so eine gut aussehende Frau hat doch sicherlich einen Freund?«, bohrt er weiter.

Ich lüge und sage Ja und dass der bestimmt etwas dagegen hätte, mich mit einem italienischen Gigolo – ich frage, wie er heißt, Luigi, sagt er – auf der Bank sitzen zu sehen.

Wir haben dann aber tatsächlich eine sehr lebhafte und interessante Unterhaltung über Kunst, Politik, Europa. Er ist amüsant und ein echter Venezianer, von Beruf Computerprogrammierer, über seinen Familienstand lässt er sich nicht aus.

Mir gefallen seine Art, seine Hände und die Hakennase, aber ich muss gehen und sage mit dem Flair der Weltbürgerin, dass wir uns die nächsten Tage auf einen Cappuccino treffen können.

Er horcht auf, rückt näher und sagt unvermittelt: »Küss mich!«

»Wieso?«, sage ich und bin doch überrascht. »Ich küsse doch keine Fremden auf der Parkbank.«

Das passt ihm nicht.

»Nein, dann werde ich dich nicht treffen«, sagt er entschieden. Die Logik ist etwas kraus, aber er erklärt sie mir mit gequältem Lächeln: »Wenn ich dich nicht so attraktiv finden würde, dann ja. Aber nur einen Cappuccino will ich nicht.«

Ich finde es komisch und lache, aber Luigi ist beleidigt, verabschiedet sich abrupt und stakst auf seinen dünnen Beinen von dannen.

Wie zielgerichtet und rationell Männer ihr Beuteschema anwenden. Ich kann so was leider nicht.

Anja ist völlig überrascht von der Geschichte und sehr amüsiert. Sie erklärt mir aber auch seine Aufforderung zum Küssen.

»Das macht hier keine, einen fremden Mann zum Cappuccino einzuladen. Das hat er als Zeichen gesehen, dass er bei dir landen kann.«

Wieder eine Lektion über internationale Flirtgewohnheiten dazugelernt.

Zu jeder Zeit und in fast jedem Alter ist man natürlich potenzielles Opfer professioneller Anmacher, das heißt von Männern, die eine große Aufwertung und Befriedigung daraus ziehen, dass sie einer Frau erfolgreich den Hof machen und verführen könnten. Für sie sind *alle* Frauen verführbar. Ganz besonders, da sicherlich einige dieser Männer dem alten Frauenbild der bedürftigen alten Jungfer im sexuellen Notstand nachhängen. Dem sie gern abhelfen könnten und möchten. Gegen ein paar kleine Geschenke vielleicht?

Gibt es überhaupt noch Gigolos? Auch hier die feine Abstufung zwischen den Geschlechtern.

Die käufliche Frau ist eher billige Nutte vom Bahnhofstrich als kultivierte Kurtisane. Der Mann »für gewisse Stunden« – zugegeben, es gibt ihn weniger häufig als weibliche Prostituierte – ist dagegen ein toller kosmopolitischer Hecht, so distinguiert wie ein feiner Pinkel oder so brütend sexy wie Richard Gere in dem gleichnamigen Erfolgshit.

Egal, wie alt man als Frau ist, man stolpert eigentlich täglich über irgendein sexuelles Klischee, eine Lüge, eine Mutmaßung, eine Frechheit, die offenbar unbedingt am Leben erhalten werden sollen.

Hier in Venedig gibt es natürlich auch viele Männer meiner Generation, die mit mir alt geworden sind, wenn man so will. Männer mit grauschwarzen Haaren, Männer, die Erfahrung auf jeder Ebene signalisieren, was sich in wissenden, leicht verlebten Zügen äußert, besonders um die Augen herum. Ich mag das sehr.

Nach drei Tagen Venedig zieht ein Hauch Wehmut über mich. Dieses wasserumspülte Wunder ist ein so herzzerreißend romantischer Ort, dass ein Stadium des Nichtverliebtseins wenn schon kein krimineller Akt, so doch ein großer Verlust zu sein scheint.

Jede Form von Verlust und Sehnsucht produziert Melancholie, und in Venedig schwappen diese Gefühle wie sanfte Wellen am Lido über dich hinweg, sodass du deinen Tränen gleich mit dazu freien Lauf lassen möchtest.

Ich sitze also am Lido, gleich beim berühmten Hotel Des Bains, in dem der Filmklassiker *Tod in Venedig* nach Thomas Mann gedreht wurde. Ich bin wie Aschenbach, der sentimentale alternde Held, der Abschied von Jugend, Vitalität und Chancen nahm und sich mit verzehrender, wenn auch stark unterdrückter Lust nach dem hübschen grazilen Jungen sehnte, den er unbekümmert herumschwirren sah.

Ich sehe mich plötzlich an verschiedenen Stränden, an denen ich sehr, sehr glückliche Tage verlebt hatte, als ich zwischen zwanzig und fünfundvierzig war. Es ist so sexy, sich mit seinem Freund (oder Ehemann) im glühenden Sand zu wälzen, sich mit knirschenden Sandkörnchen auf salzigen Lippen und Zähnen zu küssen, ganz versteckt eine Hand in die Badehose gleiten zu lassen oder sich kichernd unterm Badetuch zu verstecken, aneinandergepresst, Haut an sonnenheißer Haut und mit dem unverwechselbaren Geruch von Wind, Strand und Sonnenmilch in der Nase.

Und wie dann die Lust in der Hitze wuchs, während Drumherum die Kinder schrien und die Möwen, die Wellen rauschten und das Blut pochte. Wir rannten schnell in das schattige Haus und glitten unter die kühlen Laken und hatten Sex, der sorglos und glücklich war und so perfekt wie ein Zitronensorbet.

Und plötzlich führen mich die Erinnerungen zur nächsten, noch tiefer liegenden Schicht, in die Kindheit. Wahrscheinlich gibt es wenige Erwachsene, die ihre Kindheit nicht mit glücklichen Sommerferien, kleckerndem Eis und warmer Brause verbinden, mit Gummitieren, nassem Sand, Schaufel und Eimer, kaltem Popo und heißer Stirn und Mamis sorgsamem, aber sehr unwillkommenem Eincremen mit Sonnenmilch auf der trotzdem immer leicht verbrannten Haut.

Vorbei.

Ich sitze in einem sogenannten vorteilhaften Einteiler, ein buntes Tuch geschickt um die Hüften drapiert am Strand und gehöre zu den weiblichen Aschenbachs dieser Welt. Und niemand da, diesen ja auch traurigen Zustand mit mir zu teilen.

Halt, da kommt jemand auf mich zu. Braun gebrannt, strammer Körper, dicker Bauch, weiße Haare auf der Brust, was nett aussieht, ein weißes Sonnenhütchen auf dem Kopf, eine sicherlich teure goldene Uhr am Arm.

Ich setze mich ein bisschen gerader hin und kreuze die Beine elegant.

»Sprechen Sie deutsch?«, fragt er freundlich, aber sachlich. Er will nur irgendetwas wissen, da bin ich sicher. Ich schüttele den Kopf, ich verleugne ab und zu im Ausland mein Deutschtum, ein Überbleibsel aus den Sechzigerjahren, als es mir wirklich peinlich war, ein jahreszahlenmäßig direkter Nachfolger der Nazigeneration zu sein.

»Schade«, sagt er und guckt suchend um sich.

Dann trollt er sich von dannen.

War sowieso zu nichtssagend, denke ich.

Ich will einen melancholischen geheimnisvollen Mann mit wunder Seele und wissenden Augen, der zu dem Hotel und der Stimmung passt.

Neu-Delhi

In Indien, wo eine allein reisende, große, helle, blauäugige Ausländerin mehr Aufmerksamkeit erregt, als ihr lieb ist, machte ich eigentlich schöne Erfahrungen. Ich kam mir alterslos und angenehm exotisch vor.

Kinder finden einen sowieso interessant, aber ich hatte das Gefühl, dass die aufmerksamen Blicke von Männern (und Frauen) wenig taxierend und bewertend waren und frei von jeder Assoziation mit dem Alter. Ich glaube, die westliche Krankheit, jede Frau nach dem Hot-Faktor zu bewerten, hat noch nicht in den kleineren Städten Indiens Fuß gefasst.

Auffallend schön fand ich die indischen Frauen in meinem Alter und älter – die sprechenden, kajalumrandeten Augen in ihren dunklen, oft eleganten Gesichtern, die silbergrauen Haare, die in einem langen Zopf den Rücken herunterfielen.

Und natürlich hilft es, glitzernde Ohrringe und reich verzierte Armreifen statt Perlenketten zu tragen und wunderschöne bunte und fließende Seidenstoffe um den Körper gewickelt zu haben anstelle von sexloser, beiger Seniorinnenmode.

Von indischen Männern hörte ich vorher so einiges. Sie sind unerotisch und unsexy, sie sprechen mit diesem komischen Singsang, den sie scheinbar nie loswerden. Dann wiederum gibt es das Kamasutra und all die wunderbar kunstvoll und üppig dargestellten Schweinereien, die auch tatsächlich im Nationalmuseum in Delhi hängen.

Ich war im Prinzip bereit, Neues auszuprobieren, auch mit einem Inder. Es gibt nämlich wunderschöne alte und junge unter ihnen, und der Kleinmädchentraum von einem glutäugigen Maharadscha auf einem Elefanten, der die Juwelen der Welt zu deinen Füßen legt, ist recht beständig, weil er der Idee vom Prinzen am nächsten kommt.

Ich sah viele herrliche Fotos von Märchenmaharadschas, traf auch einen echten, aber der war – wie die meisten Adeligen dieser Welt – zur Realität übergegangen, wohnte in einer kleinen Vorstadtvilla und trug Jeans unter seiner weißen Kurta.

Ich fand, dass die alltäglichen Inder eine Sache für sich sind, da sie ununterbrochen spucken, schmatzen, rotzen, unglaublich schmierig, ungehobelt und aufdringlich, gleichzeitig aber sehr höflich sein können. Mein Hauptkontakt fand mit Taxi- und Rikschafahrern statt, von denen die meisten gebrochenes Englisch sprachen und mich mit größter Liebenswürdigkeit behandelten. Und alle waren nicht älter als fünfunddreißig. Was soll ich sagen, ohne angeberisch zu wirken. Ich war der große Hit. Natürlich auch, weil ich weiß war, also reich, das ist schon klar.

Eine etwas tragikomische Episode war die Unterhaltung mit einem verwöhnten, dicklichen jungen Mann – einem Anwalt, erstaunlicherweise – im schrecklichen Jogginganzug. Er wohnte als Untermieter in dem Haus in Neu-Delhi, wo ich zu Gast war, saß schon morgens um neun in der Küche und sah fern, während er sich den nackten fetten Bauch unter dem braunen Frottee kratzte.

Ich brauchte ein paar spezielle Informationen und fing eine Unterhaltung an. Er betrachtete mich von oben bis unten und sagte dann – die Hand immer noch an seinem nackten Bauch: »Wie alt bist du?«

Ich sagte: »Über sechzig«, was ihn in Erstaunen versetzte.

»Du bist aber gut in Form«, meinte er anerkennend.

Ja, und du nicht, dachte ich.

»Hier bei uns sind die Frauen schon mit vierzig ziemlich fett und sehen alt aus«, sagte er düster.

Vielleicht, weil sie wie Sklavinnen gehalten werden, Kinder gebären und für den ganzen Clan, der mindestens fünfundsechzig enge Familienangehörige hat, putzen und kochen müssen?, dachte ich.

Auf dem Bildschirm tanzten große Mengen von Bollywoodbabes nach einem der Schlager, die sich für uns alle gleich anhören. So was hätte er gern, eine junge schöne Frau aus dem neuen Indien, die zwar nach den strengen indischen Regeln des Patriarchats lebt, aber westlich heiß aussieht.

»Wir könnten ausgehen. Hast du Zeit?«, fragt er.

Nein, habe ich nicht, du kleiner arroganter, unerzogener Klops, denke ich. Um keinen Preis.

Es ist ein billiger kleiner Triumph, ich weiß, aber ich fühle mich ziemlich gut dabei, immer noch in Situationen zu kommen, in denen ich jungen Männern einen Korb geben kann.

Als mich mein Lieblingschauffeur, mit dem ich so einiges erlebt habe, nach drei Tagen zum Flughafen bringt, drückt er meine Hand.

»You are a really nice lady!«, versichert er mir.

Und wirklich, ich merke, es bedeutet mir mehr als platte Komplimente. Die reife Frau als interessanter Mensch. Kein schlechtes Konzept.

Mallorca

Das bestätigte sich auch auf Mallorca. Als ich spontan in ein Museum in Palma gehen wollte, merkte ich, dass ich alles Geld ausgegeben und auch keinerlei Bankkarten dabeihatte. Manchmal hat man ja Glück und kann in Museen an die Nettigkeit der Angestellten appellieren und andeuten, dass man ein sehr kunstinteressierter Mensch ist. Ich probierte es, aber mir wurde der Eintritt verwehrt.

Da kam ein etwa fünfundsechzigjähriger, kleiner, etwas rundlicher Mann mit grau gesprenkeltem Bart, Pferdeschwanz und typisch spanischem Gesicht auf mich zu, lächelte charmant und fragte auf Englisch: »Wollen Sie rein?«

Ich nickte, er griff meine Hand, ging zur Kasse, zeigte einen Ausweis, und wir gingen hinein. Er war der Direktor und Kurator, der das Museum als sein eigenes Haus betrachtete. Er machte mit mir eine lange private Führung, wir unterhielten uns über Malerei und Reisen. Dann gingen wir einen *café con leche* trinken, einen Milchkaffee, dann ein wenig in Palma spazieren. Er zeigte mir seinen verwunschenen, wild wachsenden Lieblingsgarten in einer winzigen Gasse, und dann sagten wir *adiós*. Kein Adressenaustausch, kein nichts.

Ein wundervoller Nachmittag, vielfältig und voller Genuss. Ich habe längst seinen Namen vergessen, aber nicht diese unerwartete Bereicherung, die ein sinnlicher, vergnügter Nachmittag zwei Fremden bereiten kann, ohne dass Sexualität die Hauptrolle spielt.

New York

New York ist eine coole, witzige, aggressive Stadt, das wissen wir alle. Den smarten New Yorkern macht man nichts vor, sie urteilen schnell und kennen alles. Sie sind obendrein spontan, kritisch und lieben es, auf der Straße mit unmissverständlichen Kommentaren ihrer positiven wie auch negativen Meinung Ausdruck zu verleihen.

Ich will nur zwei kleine nette Geschehnisse erzählen, um uns nicht mehr jungen Frauen zu zeigen, dass immer alles möglich zu sein scheint. New Yorker Frauen sind sehr selbstbewusst, deshalb sind sie auch sehr großzügig, was Komplimente angeht. Es passiert recht schnell, dass eine selbst sehr attraktive Frau an der roten Ampel (eigentlich gehen New Yorker immer bei rot über die Straße) eine andere flink anspricht, um ihr zu sagen, wie toll ihre Tasche, ihr Outfit, ihre Frisur, ihr Gürtel, ihr Stil und was nicht alles ist.

Bei mir war es ein schwules Paar, das den Vogel abschoss. Einer der beiden, ein schwarzer, leicht überdrehter junger Typ, tippte mir auf die Schulter und säuselte recht laut: »Also nein, dass muss ich einfach sagen. Sie haben die schönsten grauen Haare, die ich je gesehen habe«, und schüttelte bewundernd seinen Kopf, während er die Augen verdrehte.

Ich war ziemlich baff und sagte nur Danke, begleitet von meinem breitesten Lächeln. Aber das war längst nicht alles.

»Und dazu die Lippenstiftfarbe, der Hautton, alles perfekt«, er sah mich an wie ein Stylist, der er ohne Frage war, »wirklich schön.«

Die Leute neben uns an der Ampel guckten schon, und mir war es peinlich. Gott sei Dank war grün, aber mein neuer Verehrer musste noch etwas loswerden. Er griff mich und küsste mich rechts und links auf die Backe.

»Das musste ich eben machen.«

Und ich musste nun wirklich lachen.

Dann ging er zu seinem Freund, der still dagestanden hatte, und drehte sich nach ein paar Schritten noch schnell um und rief: »Please, don't ever change!«

Dann folgte eine Kusshand von ihm, und ich ging kichernd, kopfschüttelnd und sehr, sehr geschmeichelt die 59. Straße runter.

Also, ich gehörte bisher nicht zu den Frauen, die die wichtigsten, wunderbarsten und innigsten Freundschaften mit Schwulen pflegen, weil sie angeblich die besseren Männer mit einer so tollen Sensibilität und umwerfendem Stil sind. Aber hier, auf den Straßen von New York, war ich bereit, mich bekehren zu lassen. Wirklich, Schwule haben eben doch den allerbesten Geschmack! Wo sind sie in Deutschland, wenn man sie braucht?

Der Rest meines Trips stimmte mich auch fröhlich. Ich fasse kurz zusammen: Bei einer Dichterlesung im East Village, auf der magischerweise hauptsächlich sehr gut aussehende, grau melierte, ältere Künstlertypen waren, wurde ich angesprochen, angemacht und mit Visitenkarten bestückt, dass es eine Freude war.

Ich überlegte hinterher, was es genau war, an mir und an ihnen, das zu dieser herzlichen Offenheit und echten Wertschätzung einer älteren Frau führte. Ich tippe darauf, dass die Generationen einfach zusammenhalten. Ja, ich weiß, viele Deutsche finden die Amerikaner zu freundlich – ich finde sie in solchen Momenten goldrichtig, denn es können Monate, ja Jahre vergehen, bevor in Deutschland ein Mann auch nur milde Begeisterung zeigt. Zumindest in der Öffentlichkeit.

Die Kripo will was

Wieder zurück am heimischen Schreibtisch und meinen diversen Dating-Portalen, noch erfüllt von all den charmanten Zuwendungen, stelle ich fest, dass es doch einige Interessenten gibt, die man in die engere Wahl ziehen könnte.

Sehr vielversprechend ist ein gut aussehender Fünfzigjähriger – kraftstrotzend, grandiose durchtrainierte Muskeln, die das weiße T-Shirt sprengen, grau meliertes, kurzes, drahtiges Haar. Er mailte: »Wow, was für ein Ausdruck in deinem Gesicht – und erst die Pose. Du hast eine tolle Ausstrahlung, und wenn ich auf dieses Foto schaue, dann knistert es ziemlich stark!«

Na, klappt doch.

Ich mailte sofort zurück. Er hieß Norbert und war bei der Kripo. Genau was ich brauchte, aber immer vermied: ein sexy Macho-Mann.

Sofort setzte die Fantasie ein, denn die Hüter des Gesetzes in all ihren Inkarnationen sind einfach bestes Material für alle möglichen spannenden Bilder, mit denen die meisten von uns aufgewachsen sind. Ich sah Norbert als knallharten Detektiv, wie in einer amerikanischen Serie, ein bisschen Cowboy, ein bisschen New York Cop, ein bisschen Prolet in blau, der mich »Baby« nennt und mich auf seinen Schoß zieht, wenn ich ihm etwas Wichtiges erklären will. Seine Welt sind die Straße und toughe Männergespräche im Revier, dort sitzt er, den Colt unter den Arm geschnallt, umgeben von Zigarettenrauch und Protokollen. Sirenen auf dem Hinterhof, quietschende Bremsen, Türenschlagen, gefesselte Verdächtige, die hereingeschleppt und gnadenlos von meinem Norbert gegrillt werden – so ist sein Leben.

Danach geht er in der klassischen alten Kneipe auf dem Kiez mit den Jungs ein Bier trinken, spielt vielleicht eine Runde Pool und bespricht die unglaublichen Abenteuer des Tages und die neuesten Fußballergebnisse. Nebenher beäugt er die Kellnerin Dolly mit dem großen Busen, mit der er einmal etwas hatte und die ihn seitdem mit verzehrenden Blicken und wiederholten Aufforderungen, sie doch anzurufen, verfolgt. Aber er ist müde und geht nach Hause in seine saubere leere Wohnung. Der ewige Junggeselle.

Es fehlt offensichtlich die liebende und ordnende Hand einer Frau, denn er hat noch keine gefunden, die es lange mitmacht, wenn er selbst beim Sex das Handy beantwortet, aus dem Bett springt und knapp sagt: »Ich muss los, Banküberfall in Barmbek.«

So einen will ich.

Den Mann für gewisse männliche Dinge. Wo es keine langwierigen Unterhaltungen über Arbeitsteilung, runtergeklappte Klodeckel, mangelnde Aufmerksamkeit, schwimmende Duftkerzen und die Selbstfindung der Frau gibt.

»Wieso müssen sich Frauen suchen? Sie sind doch da!«, würde er sagen, mit dem Kopf schütteln, mich fest und schnell an sich ziehen und mir den Mund mit einem langen Kuss verschließen. Mein *Working Class Hero*, der Held der Arbeiterklasse, im Unterhemd, mit der Bierdose in der Hand, der mir einen kräftigen Klaps auf den Po gibt, wenn ich an ihm vorbeigehe.

Ganz so ist es dann nicht mit Norbert. Er jagt selten Gangster mit Blaulicht, er ist Fahnder. Nach was fahndet er denn privat? Oh là là – ich ahne es. Das erklärt seine drängelnde Neugier, denn er ist *sehr* interessiert an einem Treffen.

»Ich würde dich sehr gern auf einen Vino besuchen«, gesteht er. Bei ihm zu Hause ginge es auch, bietet er an.

Ich habe nicht die Regeln vergessen, die man einhalten sollte, damit man nicht zerhackt und in handliche Pakete verschnürt auf der Müllhalde landet. Man sollte Männer, die man nicht kennt, nie nach Sonnenuntergang und bei sich zu Hause treffen – zumindest gilt das für Dracula. Nun sind wir nicht in den Karpaten, aber trotzdem … Also schlage ich einen öffentlichen Ort vor und gebe ihm meine Handynummer. Zehn Minuten später ruft er an. Er findet, ich sei eine »schöne und interessante Lady, sehr geheimnisvoll«. Seine Stimme ist sehr sexy und männlich, ja, es knistert wirklich. Er hat jetzt Zeit und kann, aber ich nicht, morgen ginge es bei mir, aber nicht bei ihm, aber wir sind sicher, dass wir das baldmöglichst hinkriegen. Wir wollen es.

»Kripobeamte haben Schnauzbärte und sind sehr eitel«, sagt Sarah, als ich ihr ganz aufgeregt von Norbert erzähle. Er hat aber keinen.

Norbert ruft am nächsten Nachmittag an, er sitzt im Auto und würde schrecklich gern auf den Vino vorbeikommen, denn er hat zwei Stunden Pause. Scheinbar sind manche Herren beim Daten sehr ungeduldig und schießen geradewegs auf ihr Ziel zu, ohne jede spielerische Ouvertüre. Eigentlich habe ich Lust dazu, was soll passieren, ich kann selbst auf mich aufpassen.

Ruckzuck-Sex mit Fremden am Nachmittag ist theoretisch eine feine Sache, und dass Norbert sich in einer Art sexuellem Notstand befindet und nicht experimentelle Theaterstücke diskutieren möchte, scheint klar. Natürlich hatte ich schon einige (wenige!) One-Night-Stands und Miniaffären mit mir ziemlich unbekannten Männern. Aber ich denke, vielleicht lasse ich das besser »ab einem gewissen Alter« – kein Satz, den ich normalerweise befürworte.

Also, ich tue beschäftigt, schlage für den nächsten Tag ein Café vor, Norbert ist sehr enttäuscht.

Ich schreibe als Erklärung eine humorige Mail, in der Hoffnung, dass er sie versteht.

»Warum so eilig? Und warum soll ich einen mir komplett unbekannten Mann nach Hause einladen? Ich kann mir nur vorstellen, dass ihr erstens bei der Kripo gerade Tests macht, wie einfach es ist, sich bei naiven Frauen, die man online kennenlernt, nach Hause einzuschleichen. (Gab im TV gerade eine interessante Doku darüber!) Zweitens hast du Angst vor öffentlichen Räumen, weil du als Kind einmal dort über Nacht eingeschlossen wurdest. Drittens bist du in Wirklichkeit Innenarchitekt und möchtest meine Stahlmöbel aus den Dreißigerjahren heimlich kopieren. Anders kann ich mir deinen wiederholten Vorschlag, mich zu besuchen, kaum erklären.«

Aber das kommt gar nicht lustig rüber.

»Ich will das Leben locker genießen, das ist mir alles viel zu stressig«, mault er per Mail. Seine flammende Begierde für »die stilvolle Lady« zerbirst in ein Nichts.

Die Kripo springt ab.

Ich vergesse immer, wie limitiert sexuelles Interesse sein kann. Vielleicht hätte ich das Ganze in eine supersexy aufgebretzelte Form pressen und so etwas gurren müssen wie: »Oh oh, warum willst du mich denn besuchen, *Big Boy*?« Aber in meinem Alter fällt es mir schwer, den mentalen Babystrampler anzuziehen.

Aber die Handschellen! Ich hatte mich so auf die Handschellen gefreut!

»Ist doch in jedem Fall lustig, die Geschichte. Sei froh, dass noch einer hinter dir her ist«, lacht Toni.

Karen führt an, dass er sicherlich verheiratet sei. Da mag sie recht haben. Es gibt natürlich viele verheiratete Männer, die etwas für nebenher suchen, und ich habe schon einige Mails von denen gekriegt.

Da gibt es die sexlose Heirat mit einer bedauernswerten, aber nichtsdestoweniger wertvollen feinen Frau, die *immer-jung* nicht verlassen mag, aber die er auch nicht voll akzeptiert, da ist *tommysex*, der getrennt lebt (stimmt selten) und schon mal seine Fühler und andere Organe ausstreckt. Beliebt ist auch der pflichterfüllte Mann, der eine kranke Frau zu pflegen hat und deshalb noch nicht mit dem Eheversprechen locken kann.

Sarah wittert ernstere Probleme.

»Vielleicht bist du einem Meuchelmörder entgangen«, witzelt sie.

Sie schickt mir neuerdings immer gemeine Links mit den neuesten Dating-Greueltaten, wo Frauen per Internet angelockt, vergewaltigt und abgemurkst werden. Das Ganze abgerundet mit ihren süffisanten Bemerkungen. »Deinem Cop sollte man selbst die Polizei auf den Hals hetzen!«, fordert sie.

»Aber er hatte eine tolle Stimme und sah sexy aus«, werfe ich ein.

»Auch Mörder können sehr nett sein. Denke an Ted Bundy, den amerikanischen Frauen-Massenmörder!«, wirft sie ein.

So kann man es auch sehen.

Diese Date-Verbrechen geben mir allerdings schon zu denken. Da sind Zwanzigjährige, die blöder zu sein scheinen, als Paris Hilton aussieht, und sich wundern, dass *lotter-lude12* auf dem Sofa aufdringlich wird, wenn sie mit ihm nach Hause gehen, und er dem armen *rosenresli28* an die Klamotten will, das mit großen dummen Augen das Geschehen verfolgt. Wo ist da die Überraschung, oder sind junge Frauen derartig einfältig? Nimmt man Hunde mit zum Schlachter? Oder Elefanten mit in den Porzellanladen?

Und das, liebe jüngere Menschen und Leser, ist ein weiterer großer Vorteil der Reife und eines gewissen Alters: Man durchschaut die eindeutigsten Anmachen ganz schnell und wird ganz sicherlich nicht bei *sadisto666*, der sich bei einem als »für dunkle Spiele interessierend« vorstellt, spätabends zu Hause vorbeischauen, für ein besinnliches Spiel mit niedlichen Ledermasken.

All das tun wir Frauen über sechzig natürlich nicht. Dazu besteht kein Grund. Denn Beute ist man nicht mehr, auch keine niedliche Sexmaus. Die Zeiten sind vorbei, sollten sie je da gewesen sein, und das ist gut so. Man ist sinnlich-erotisch, in dieser köchelnden Form, die Hitze verströmt, aber nicht verbrennt.

Das ist nichts für derangierte Lustmolche.

Geheime Wünsche –
heimliche Beobachtungen

Ich muss gestehen, dass ich enttäuscht war, weil es mit dem heißen Super-Cop nicht geklappt hatte. Ich glaube, ich bin sowieso seit einiger Zeit etwas erotisiert.

Seit Wochen beobachte ich einen Mann im Haus gegenüber, im zehnten Stock. Er steht zur gleichen Zeit wie ich auf, macht sich Frühstück in der Küche und läuft dann mit einer Kaffeetasse hin und her. Seine Silhouette ist sehr ansprechend, er trägt ein schwarzes T-Shirt und Boxershorts und hat, soweit ich das sehen kann, hellgraues kurzes Haar. Ich weiß nicht, ob er mich auch erkennen kann oder sogar bewusst ansieht, die Entfernung ist zu groß für Gesichtszüge. Wie er wohl von Nahem aussehen mag?

Ich bin neugierig wie alle Schreiber, aber ich habe mich nie als Voyeurin empfunden, denn ich hatte eigentlich niemals den Wunsch gehabt, mit einem Fernglas Leute zu beobachten – obwohl es eigentlich Spaß machen müsste. Aber bei diesem Mann habe ich Lust dazu.

Das einzig Voyeuristische, was ich wirklich liebe, ist abends im Dunkeln spazieren zu gehen und in die erleuchteten Wohnungen zu gucken. Was wunderbar geht, da die meisten Menschen keine Gardinen mehr haben, so wie früher. Also bin ich eine gemäßigte Voyeurin.

Vielleicht sollte ich mal winken? Das könnte er nämlich deutlich sehen. Ich muss gestehen, dass dieses Online-

Dating mich etwas mutiger gemacht hat und manchmal zu Tagträumen verführt. Was habe ich schon zu verlieren?

Andererseits kenne ich einige furchteinflößende Thriller, unter anderem den berühmten *Das Fenster zum Hof* von Hitchcock, in dem der Reporter James Stewart mit einem gebrochenen Bein im Stuhl sitzt und Leute beobachtet – und eben auch einen Mord. Er wird beim Spionieren erwischt und sein Leben bedroht (und von einer wahnsinnig sexy und supereleganten Grace Kelly gerettet).

Vielleicht sollte ich das lassen mit dem Winken. Und vielleicht sollte ich meine nicht zu ändernde Eigenart überdenken, sommers wie winters nackt zu schlafen, schamlos die Jalousien ohne Klamotten hochzuziehen und ein wenig im Zimmer herumzuspazieren. ER könnte der tolle Mann sein, der unter *hotte90* eine Frau für gewisse Stunden sucht. Oder eben der *Jack the Ripper* von Parship. Oder mein abgesprungener Fahnder.

Zwei Wochen später passierte etwas Komisches. Ich sah Norbert in einer Espressobar, in der ich nur war, weil eine Bekannte dort um die Ecke wohnt und wir einen schnellen Kaffee trinken wollten.

Er saß da mit einer ziemlich jungen Frau und flirtete, was das Zeug hielt. Man sieht ja so was an der Körpersprache – bei Frauen sind es der extra Kiekser in der Stimme, das Durchdrücken des Rückgrats und das Drehen an einer Haarsträhne, beim Mann ist es der Blick, der unauffällig taxierend über den Körper gleitet, um festzustellen, ob alles in genügender Fülle am »richtigen« Platz ist. Und ich dachte in dem Moment, dass man gegen Jugend natürlich nicht ankann.

Es muss wohl ein Gen geben, das besonders bei Männern um die fünfzig massiv einkickt und das ihnen befiehlt – oft entgegen ihres besseren Wissens –, alles Weibliche, was Haut zeigt, schwellende jugendliche Formen hat und möglichst goldenes langes Haar, mit dem Lechzen eines untrainierten jungen Hundes in einem alten Körper zu verfolgen, als wäre es eine Wurstscheibe an der Schnur.

Tut es mir weh, das zu sehen? Nein. Finde ich es ungerecht und unverschämt? Ja. Fühle ich mich persönlich geschmäht? Nein. Aber natürlich nur, weil ich ihn nicht liebe, nicht mal mag oder aufregend finde.

Ein Impuls war, hinzugehen und besonders demonstrativ und vielsagend Hallo zu sagen. Doch was sollte das? Ich wollte gar nicht, dass er mich sah.

Heide, die Bekannte, hatte meinen Blick verfolgt, und ich erklärte ihr in knappen Worten mein geheimes Leben als Online-Daterin. Sie war verblüfft und meinte: »Dass du so was machst! Hätte ich jetzt nicht gedacht.«

Ja, die Welt ist voller Überraschungen, und ich bin die Frau mit den tausend Gesichtern, froh, Norbert abgewiesen zu haben.

Später sitze ich in der S-Bahn und gucke mir so die Männer und Frauen um mich herum an. Studenten, Rentner, Werktätige, Prolls, hübsche Mädchen, nette Omas.

Ob die auch Online-Dating machen?, frage ich mich. Vielleicht haben sie das gleiche Geheimnis wie ich und denken dasselbe, wenn sie mich angucken.

Aber sehe ich wie eine Frau aus, die auf »Herren suchen Einzeldame für das Besondere – in fester Verbindung« antwortet? Oder auf: »Bei mir gehen die Philosophen auch nicht ein und aus und lassen ihre Sprüche liegen. Abends will ich meine Ruhe haben. Du auch?« Und so habe ich wieder einen meiner »altmodischen« Anfälle und schliddere zurück in meine mir vertraute Realität und meinen Lebenstil.

Ich will keinen Mann übers Internet kennenlernen, denke ich. Ich glaube an die Macht der Zufälle – oder wie manche gerne sagen: »Es gibt keine Zufälle.«

Aber ich habe die Rechnung ohne das Internet gemacht. Und mich selber in meiner Standfestigkeit nicht ganz richtig eingeschätzt. Ich merke nämlich, dass ich mich an meine täglichen Mails so sehr gewöhnt habe wie ein Junkie an seine Spritze. Kurz, ich bin mailsüchtig geworden.

Davor hatte mich schon eine Freundin gewarnt, die sich jeden Abend bis spät nachts online festquasselte und sich dabei ertappte, dass sie von einer generellen Unruhe erfasst war, alle zehn Minuten zum Computer rannte, um die Mails zu checken. Warum? Was war die Erwartung? Dass ein Wunder geschieht? Der Computer als Apparat für Wunscherfüllung und Spannung.

Wenn man mit anderen Datern über seine Erfahrungen spricht, dann ist das wie ein Treffen der Anonymen Alkoholiker oder einer anderen Suchttherapie, bei dem man seine Erfahrungen austauscht und ein Geständnis macht: »Hallo, ich bin Isabella und ich bin eine Online-Daterin.«

Der Fluch des Dialekts

Nur weil man immer online guckt, heißt das längst nicht, dass es im Internet eine aufregendere Parallelwelt gibt als im echten Leben. Vielmehr geht es dort nach wie vor sturzbürgerlich und normal zu.

Da schreibt mir ein Lehrer aus Sachsen-Anhalt, der in mir eine interessante Partie sieht, auch wenn er selber humorig zugibt, helle Windjacken zu tragen und Opern zu mögen, was ich in meinem Selbstporträt verdammt hatte. Netterweise versichert er mir, dass er immer ehrlich, zufrieden und nicht nachtragend sei.

Ich will gäin Lähr'r, verdammt!

Das findet auch Sarah, allerdings nur teilweise: »Also, Lehrer und Deutschlands ärmstes Bundesland, das sind leider schon mal zwei Minuspunkte, obwohl die Ossis ja besser im Bett sein sollen als wir. Hab doch ein Herz für den Underdog und gib ihm eine Chance!«

Absolut nicht!

Online-Dating ist ein bisschen wie Heimatkunde. Man lernt sein in weiten Teilen unbekanntes Vaterland ein wenig besser kennen mit all den verschiedenen Mundarten, von denen man immer vergisst, wie sehr man sie nicht ausstehen kann!

Kölsch ist o.k., schwäbisch mag ich nit schwätze höre, hessisch ned babbele, bayrisch? Jo mei! Balinerisch mit all dem icke, watt denn, weeßte – det jefällt ma nich.

Manche Vorurteile lassen sich schwerlich überwinden, lieber Rudi aus Dräsdn! Und das ist nur die Sprache. Für uns arrogante Big-City-Leute, die außer Berlin, Hamburg und München nichts wirklich gut kennen, sind so exotische Reisen in unbekannte Gebiete wie Schwalm-Eder, Groß-Gerau, Diepholz und Worms mit einem Planetenwechsel gleichzusetzen. Man möchte dort nicht hin. Es sei denn, jemand hat ein Schlösschen an einem Privatsee mit Schwänen zu bieten …

Mir fiel auf, dass es laut Elite die meisten Männer auf der Suche nach Frauen in meinem Alter in sogenannten anständigen, sprich akademischen, Berufen scheinbar in Bayern gibt. Und ich habe irgendwie ein Problem mit Bayern. Entschuldigung, liebe Bayern.

Nur ein winzig kleines, denn natürlich ist es lächerlich, nur weil man an Dackel, Uschi Glas, Lodenmäntel, Nazis, Lederhosen und Jägerhütchen denkt, von dem schrecklichen Dialekt ganz zu schweigen, keinen wirklichen Zugang zu einer anderen Welt zu haben. Es ist ein albernes Vorurteil und ein Klischee, aber Klischees stimmen nun mal auch.

Ich bin erst durch einen sehr langen Auslandsaufenthalt lokalpatriotisch geworden. Und als Hamburgerin ist man eben nordisch von Natur aus.

Bildungsdünkel und Schönheitswahn

»Dahinter steckt immer ein kluger Kopf« ist ein klassischer Werbespruch der *Frankfurter Allgemeinen Zeitung*. Und auch Partnerschaftsagenturen schmücken sich gern mit Akademikern aus allen Bereichen.

So findet man zwischen all den Arbeitern, Angestellten und Selbstständigen auch Herren mit Titeln und dem sogenannten Niveau, manche können das Wort sogar richtig schreiben.

Ich habe wirklich nichts gegen Akademiker. Im Gegenteil, niemand möchte sich von einem Gärtner an der Bandscheibe operieren oder von einem Barkeeper vor Gericht vertreten lassen. Leider haben jedoch viele Akademiker eine Ausstrahlung, die man schlichtweg als unsexy bezeichnen könnte. Aber als unerschrockene Daterin will ich mich der gebildeten Mittel- und Oberschicht nicht verschließen. Deshalb gab es mit einigen ihrer Mitglieder ein paar Mails und Unterhaltungen, die allerdings zu nichts führten.

Ich weiß nicht, ob sich bei mir die nicht besonders gute und aufmüpfige Schülerin ohne Abitur je aus meinem Innenleben verabschiedet hat und das der Grund für meine schwelenden Zweifel an der Überlegenheit der titeltragenden Gebildeten ist.

Jedenfalls gibt es da den etwas schlüpfrigen älteren Professor, der eine »gehorsame Schülerin« sucht, sehr viele Diplomingenieure, einen recht fröhlichen, aber verheirate-

ten Kinderarzt mit einem Trinkproblem und einen schief-
zahnigen Dentisten. Was mich nicht verwundert, denn damit verhält es sich genauso wie mit schlecht angezogenen
Stylisten und dicken Diätberatern.

Genauso wenig verwundert es, dass recht viele Psycho-
therapeuten weibliche Opfer suchen, die sie in ihren eigenen vier Wänden endlich mal auf ihrer Privatcouch quälen
und therapieren können. Ein Psychiater namens *Arthur*,
»warm und verständnisvoll«, möchte sehr gern »mit einer
kultivierten Partnerin den Rausch leidenschaftlicher Liebe
neu erleben«. Das kann eine feine Sache sein, die sicherlich
wenige Kritiker finden wird. Nur bin ich nicht dazu bereit,
was vielleicht auch mit seinem stark gefärbten Bart zu tun
hat. Sofort erkennt er in mir sehr richtig eine Frau mit Be-
ziehungsproblemen.

Sollte das mein Ende mit den ungeliebten Akademikern
sein?

Keineswegs. Denn als sich ein Chirurg aus Schwaben bei
mir meldet, bin ich interessiert. Nicht weil ich auf *Dr. House*
oder diesen anderen Hübschling aus *Grey's Anatomy* hoffe,
aber irgendwie kann ich mich nicht davon freimachen, dass
Ärzte gute Partien und Götter in Weiß sind. Und jetzt, da
ich älter bin, kann es doch nur schön sein, einen Doktor im
Haus und im Bett zu haben.

Er ist sechzig Jahre alt, geschieden, mit einer erwachsenen Tochter in der Werbebranche. Ich finde, Gerd sieht gut
aus, wenig Haar, blondgrau, kluge Augen, schlank und einen
Meter achtzig groß.

Wir mailen uns ein paarmal, und ich mache einen Scherz
über meine uralte Blinddarmnarbe, die heutzutage sehr viel
winziger ausgefallen wäre. Da erst kommt heraus, dass er
Schönheitschirurg ist.

Das setzt in mir meine lustige Seite frei, die schuld daran ist, dass ich viele Lachfältchen habe, die bestimmt vor den Augen vieler Schönheitschirurgen (man nennt sie ja auch plastische Chirurgen, obwohl mir immer »Plastikchirurgen« rausrutscht) wenig Gnade finden würden.

Ich mache Referenzen zu Herrn Frankensteins Testlabor, die Sängerin Cher und all die operierten und gestrafften Hollywood-Celebrities. Er weiß nicht, wer Cher ist!

Dann telefonieren wir. Ich hatte befürchtet, dass er schwäbeln würde, aber er stammt aus Niedersachsen und spricht reines Hochdeutsch. Eigentlich haben wir nicht wahnsinnig viel gemeinsam bis auf das übliche »Gut-essen-gehen« (will jemand schlecht essen gehen?) und dem Interesse an Kultur, Architektur und so weiter.

Er kraxelt gern, ich war noch nie auf einem Berg. Er liebt Skifahren, ich hatte noch nie solche Bretter auch nur probeweise unter den Füßen. Ich liebe Chardonnay, er Riesling, und, *last but not least*, er liebte damals Paul und ich John. Aber er ist lustig und freundlich, lädt mich in sein Haus ein und macht mir alles sehr schmackhaft.

Bisher wollte ich keine Reisen für einen fremden Mann unternehmen, aber ein Besuch bei Freundin Kathrin in Stuttgart steht sowieso an, und das lässt sich doch gut mit einem Treffen mit Gerd verbinden.

Er findet die Idee toll, ich schreibe, dass ich mich auf ein Treffen freue und vorher nicht meinen Pony schneiden würde, damit er nicht gleich beim ersten Glas Sekt auf die Idee käme, meine Stirnfalten glätten zu wollen. Und auch, dass ich meinen Wonderbra anziehen und auf Hochglanz bringen würde, er also seine Gelkissen in der Praxis lassen könnte.

Das ist natürlich ein Scherz, ich besitze keinen Wonderbra – was vielleicht ein Fehler ist.

Er findet das amüsant und hofft sehr, mich bald in Person mit oder ohne Wonderbra zu sehen. Ich hoffe das eigentlich auch und arrangiere den Trip nach Stuttgart. Er schickt mir ein Foto von seinem sehr teuer aussehenden modernen Haus mit viel Glas in einem Vorort und schlägt noch einmal vor, dass ich unbedingt in einem seiner Gästezimmer schlafen solle.

Ich sei völlig sicher, scherzt er, denn seine Tochter Tatjana würde ja noch bei ihm wohnen. (Mit sechsundzwanzig!)

Ich frage Sarah, was sie davon hält. Nichts.

»Immer auf eigene Kasse reisen«, ist ihr Motto, und außerdem sieht sie überall Gefahr lauern.

Toni, die jüngere Generation, die zweckdienlich ausgerichtet ist, meint: »Na klar machst du das, ist doch lustig. Da kannst du schon mal sehen, ob du da leben könntest!«

Ich bin gern in fremden Häusern, sie sind aussagekräftiger als Handlesen. Schlotternde Angst vor libidinösen Herren ist mir fremd, denn ich habe in jungen Jahren sehr erfolgreich den einen oder anderen Springinsfeld, der nachts in Hotels oder Privathäusern an meine Tür geklopft hat, ohne Zuhilfenahme von Knüppeln oder Brotmessern abgewiesen.

Also, wo ist das Problem? Gebucht, gepackt und ab nach Stuttgart.

»Vielleicht springt 'ne neue Nase dabei raus«, sagt Karen. »Aber bitte keine Riesentitten«, setzt Sarah schnell dazu.

Als ob ich beides bräuchte!

Im Zug denke ich an die faszinierende Welt der Schönheitschirurgen, die mich so verblüfft wie die der Psychiater – beides Berufe, deren Popularität (und offensichtlich auch der Bedarf dafür) riesig zugenommen hat.

Früher wäre jeglicher Wunsch nach solchen Helfern für Körper und Seele sorgsam verborgen worden, heute gibt man fast angeberisch zu, dass man leicht lädiert ist. Ich kenne die tollsten Geschichten von Frauen, die kurzzeitig mit einem Schönheitschirurgen zu tun hatten. Und scheinbar ist das so, als würde man mit Luzifer persönlich in der Hölle eingeschlossen sein.

Eine Freundin von mir wollte sich lediglich die vielen braunen Flecken wegmachen lassen, die ich bequemer-, aber fälschlicherweise »Sommersprossen« nenne. Aber einmal da, ließ der satanische Schnippler mit seinen gelifteten Argusaugen nicht von ihr ab. So, als wäre sie ein renovierungsbedürftiges antikes Möbelstück, das nach der geschickten Hand des Restaurators dürstet. Beherzt griff er in ihre Wangen und zog die Haut zu den Ohren, schob mit dem Daumen kurz die Augenbrauen hoch, nickte mit einer Mischung aus Mitleid und gwieftem Fachwissen und schlug ein paar drastische und teure Eingriffe vor. Die Freundin, charakterstärker als ich dachte und nicht sehr reich, verließ den Faltenflüsterer relativ fluchtartig.

Gerd holt mich vom Bahnhof ab, in einem ziemlich schönen alten Mercedes 190 SL in Feuerrot. Das Überraschende ist, dass er besser aussieht als auf dem Foto – jünger, frischer.

Oh nein, denke ich, er hat sich doch nicht noch schnell für mich aufgepolstert?

Ich finde zunächst, dass er eine irritierende Ähnlichkeit mit Wolfgang Joop hat, der ja vor lauter Lifting kaum noch aus den Augen gucken kann. Er telefoniert kurz. »Meine Tochter«, lächelt er, und wir düsen los.

Das Haus ist sehr schön, etwas kühl, wie solche Betonklötze oft aussehen, aber sonst genau das, was ich gebrauchen könnte. Ich sehe mich bereits auf der bambusgesäumten Terrasse sitzen und entferne im Geiste im Wohnzimmer die riesige weiße Ledercouch, den merkwürdigen Aluminiumschrank und die vielen künstlichen Orchideen.

Mein Zimmer ist Standard, alles weiß. Ich finde ja weiß überbewertet, ich brauche Farben, um mich lebendig zu fühlen.

Es ist später Nachmittag, und wir trinken teuren Wein im Wohnzimmer. Gerd hat gerade gesagt, dass ich schöne Haut hätte, und ich warte auf das »Aber-da-könnte-man-etwas-Machen«, als Tatjana kommt.

Sie ist hübsch, hat garantiert eine operierte Nase und trägt Stöckelschuhe und eine sehr, sehr enge weiße Jeans, die sagt: »Hey, guckt her, ich passe, denn sie isst nur einmal die Woche!« (Die Familie hat eine Obsession mit der Farbe Weiß, was ich gleich als Angst vor schmutzigen schwarzen Gedanken interpretiere.) Sie setzt sich steif auf seine Sessellehne, taxiert mich wie ein Objekt, das gegen ihren Willen ins Haus gelangt ist – und mag mich nicht. Das spüre ich.

Gerd ist begeistert von seiner Tochter, sie ist sein Ein und Alles. Auch das spüre ich, finde aber, dass Vater und Tochter etwas sehr eng ineinander verstrickt sind. Er nennt sie Spatzl und sie ihn Papilein, was er ja ist, aber es hört sich inzestuös an. Überhaupt fühle ich mich wie in einem Fünfzigerjahre-Film, in dem es unter der geschmackvollen Bürgerlichkeit vor Dekadenz brodelt.

Als sie wieder raus ist, erklärt er, dass sie auf unbestimmte Zeit bei ihm wohnen bleiben würde. Er möchte sie gern um sich haben, denn sie sei »durch viel durch« und »hatte mal ein kleines Gewichtsproblem«.

Hatte?

»Hier fehlt ein Hund«, sage ich launig, um das Thema zu wechseln, »so viel Platz, dazu ein Garten, perfekt.« Ich liebe

Hunde und bin todtraurig, dass in meinem Gebäude keine Tiere erlaubt sind.

»Tatjana hat Angst vor Hunden«, sagt er, seine schlanken Hände streichen imaginäre Staubkörner vom Tisch. Angst vor Hunden? Wie kann so was sein, es sei denn, man ist von einem Dobermann fast einmal zerfleischt worden.

»Dabei ist meine Exfrau Tierärztin«, fügt er hinzu.

Gerade will ich ihn über seine Exfrau ausfragen, als ich merke, dass es mich absolut und hundertprozentig nicht interessiert.

Warum sitze ich in einem riesigen weißen Wohnzimmer bei Stuttgart mit einem Schönheitschirurgen, der eine möglicherweise schwer gestörte Tochter hat, die immer bei Papilein bleiben wird?

Der Abend ist eigentlich nett, wir gehen in ein teures Restaurant, nur dann fängt leider eine Unterhaltung an, von mir eingeleitet – über Schönheit und Alter.

Ich stehe dem Verschönerungswahn eher kritisch gegenüber und sage das vielleicht eine Spur zu deutlich. Er hält mir einen Vortrag darüber, wie sehr all diese Dinge zum Glück einer Frau dazugehören. Es hört sich an, als sei er ein altruistischer und medaillenwürdiger Menschenfreund, dem auch Mutter Teresa anerkennend über den Kopf gestrichen hätte. Ein Ritter der edlen Taten, ein Robin Hood für die Runzelbrigade.

Aber was wirklich dahintersteckt, ist eigentlich die pure, hässliche Altersdiskriminierung. Und die trifft ja in der Regel eher Frauen als Männer. Männer werden auch alt, kriegen Falten und graue Haare, einen dicken Bauch und Rettungsringe um die Taille (gern auch beschönigend *love handles* genannt), Säcke unter den Augen und Schlupflider oben drüber, Altersflecken an Armen und Händen. Aber sie glauben eher, dass es sich hierbei um kleine bezaubernde Gütesiegel handelt, nicht um den natürlichen Alterungsprozess.

Andererseits ist das Interesse an Facelifts, Botox, teuren Anti-Aging-Cremes und besonders am Haarefärben bei Männern stark gestiegen. Der alte Kosmetikmuffel mit der einfachen Dose Allzweckcreme und einem selten benutzten Aftershave in der hintersten Ecke des Badezimmerschränkchens hat sich zum eitlen Konsumenten entwickelt, der duftet und rubbelt, peelt und nährt, dass es eine Freude ist. Und stets umgeben von einer Wolke von männlich-herbem Eau de Cologne auftaucht. So einer ist mein Doktor Beau.

Ich will ihn gerade fragen, wie viel er an sich herumgemacht hat, als sein Handy klingelt. Spatzl ist dran, wer sonst. Sie wollte zum Dessert dazukommen, aber sie hat Migräne.

Ich habe sowieso nur eine Nacht eingeplant und überlege schnell, wie attraktiv ich ihn eigentlich finde. Er hat ein sehr anziehendes Lachen, sogar mit Lachfalten, die Figur ist auch gut, kaum ein Bauch. Ich gebe es ungern zu, aber da ich gesehen habe, wie schön er wohnt und dass er viel Geld haben muss: Geld macht sexy. Sicherlich nichts Neues für echte Goldmaries, aber für mich, die zu viel Geld oft für anrüchig hält, immer wieder eine irritierende Entdeckung.

Er scheint mich auch zu mögen, denn er nimmt meine Hand, zieht sie über den Tisch und küsst sie. Wow! Meine Gedanken entwerfen blitzschnell eine Szene, in der er ins Zimmer kommt und ich entweder im Bett liege und frivol lächle oder mitten beim Ausziehen bin und mir neckisch mein Kleid vorhalte, während er meine nackte Rückenfront im Spiegel sieht.

Sicherlich haben sehr viele Frauen den Filmhit *Was das Herz begehrt* mit Diane Keaton und Jack Nicholson gesehen.

Er verabredet sich nur mit jüngeren Frauen, sie ist die Mutter seiner neuesten Eroberung, die das Paar im Wochenendhaus stört, aber ein paar Tage bleibt. Sie kommt nackt aus dem Bad, er strolcht im Haus herum und sieht sie. Sie kreischt wie eine Wahnsinnige (leider tut Diane Keaton das in sehr vielen Filmen), er bedeckt entsetzt seine Augen mit der Hand. Eine nackte Frau von sechzig, hört denn der Horror nie auf!

Wir fahren zurück ins Haus. Beim Aussteigen hilft er mir – nicht mehr so einfach, sich elegant aus einem Sportwagen zu hieven – und zieht mich dann leicht an sich. Aha. Trotzdem verabschiede ich mich relativ schnell und verschwinde in mein Zimmer.

Und nun?

Einerseits will ich nicht, dass er an meine Tür klopft, andererseits wäre ich leicht beleidigt, täte er es nicht. Ein bisschen Eitelkeit bewahrt man sich scheinbar immer und ewig. Allerdings, mit meiner Unentschiedenheit werde ich mir niemals einen Lover an Land ziehen, so viel ist sicher. Ich warte also – was mir gar nicht gefällt. Das Bedürfnis, selber im Sattel zu sitzen und die Zügel in der Hand zu halten, selber zu bestimmen, wann und ob man jemanden erhört oder abweist – immer davon ausgehend, dass man die Begehrte ist –, ist gerade sehr lebendig in mir.

Ich höre Stimmengewirr im Wohnzimmer. Ich bin von Natur aus neugierig und nicht vollkommen abgeneigt, an Türen zu lauschen, wenn es sein muss, also tue ich es. Ich bin sicher, es geht um Papilein und mich.

Ich fand eigentlich bisher die Idee, dass ich, die Kinderlose, einen Vater mit erwachsenen Kindern treffe, sehr positiv und abwechslungsreich. Ich sah mich als beliebte, souveräne neue Gefährtin eines tollen Mannes, die mit der ältesten Tochter Shopping geht oder dem Sohn einen Ratschlag über Frauen gibt, wenn er nicht versteht, warum seine Freundin rumzickt. Weil es doch wirklich ein schöner Zustand ist, mit Stiefkindern all die guten Sachen zu teilen, weil die anstrengenden längst zur Vergangenheit gehören.

Als es dann doch klopft, bin ich gespannt und ein wenig freudig erregt – und dann überrascht. Es ist Tatjana. Sie möchte mit mir sprechen.

Toll, hier entwickelt sich also ein *Lore*-Roman, denke ich. Erfahrene ältere Frau will Papi wegnehmen und verzogene, neurotische Tochter in die Wüste schicken. Davor hat sie Angst. Immerhin, Gerd weiß nichts von dem Besuch, er ist im Badezimmer und macht sich für was auch immer fertig.

Aber Tatjana will sich nur für ihre Zurückhaltung entschuldigen und spricht die Hoffnung aus, dass ich nichts falsch verstehe. Sie hofft sehr, dass ihr Papi jemanden findet, allerdings sei sie von Anfang an dagegen gewesen, dass er das Internet benutzt.

Ich bemerke lediglich, dass das doch seine Entscheidung sei, und verabschiede sie.

Mir ist das zu viel, ich ziehe meinen seidenen Kimono an und gehe ins Wohnzimmer, wo ich Gerd abfange, der gerade zu mir will, wie er sagt. Ich werde die ganze Zeit das Gefühl nicht los, mich in einem Film zu befinden, und das hilft seltsamerweise, denn ich scheine nur klassische Filmszenen nachzuspielen.

Ich erkläre ihm, dass ich ihn sehr gern mag, es ein reizender Abend war, seine Gastfreundschaft spektakulär, seine Tochter wahnsinnig nett, aber ich früh aufstehen und weiterfahren müsse und jetzt sehr müde sei. Die alte Ehefrauenausrede. Dann küsse ich ihn auf die Wange und gehe in mein Zimmer zurück.

Er fährt mich am nächsten Morgen zum Bahnhof, und wir versprechen uns mit falscher Innigkeit, unbedingt in Kontakt zu bleiben. Beim Abschied nimmt er noch schnell meine Hand, guckt sie an und sagt: »Das mit den braunen Flecken machen wir aber noch irgendwann, gell?«

Der Mann ist ein Profi durch und durch.

Im Zug lässt mich der Gedanke nicht los. Muss ich fleckenfrei sein? Es wäre der letzte Versuch, noch etwas von der längst verblassten Jugend zu konservieren, sie an einem winzigen Zipfel zu erwischen und für sehr kurze Zeit festzuhalten, bevor sie so der Vergangenheit angehört wie Zukunftspläne ohne Begrenzung. Denn wir haben irrsinnige Angst vor dem Verlust der Jugend. Wir wehren uns dagegen wie ein trotziges Kind, das nicht ins Bett will.

Wir ziehen uns jugendlicher an, als wir sind, versuchen die Sprache der Jungen zu imitieren, spritzen, cremen und quälen unsere sackenden Körper, um unsere Gene, aber besonders die Jugend um uns herum zum Narren zu halten. Als ob Yoga, positives Denken, Rote-Beete-Saft, Ginkotee, gefärbte Haare und Glücksformeln aus den Bestsellerlisten uns für immer dreißig sein ließen. Und beten heimlich, dass wir ganz schnell, schmerzfrei und unauffällig verschwinden, wenn wir alt, unbrauchbar und ungeliebt geworden sind.

Als natürliche und homogene Form der Entwicklung fehlt eigentlich dem Alter nichts – außer eben Jugend.

Und das können wir nicht hinnehmen.

Hoffentlich bald wieder da –
Sex auf Urlaub

Nachdem ich Gerd abgeschmettert habe, denke ich über etwas genauso Wichtiges wie den Verlust der Jugend nach. Nämlich darüber, wieso ich sexuell so zurückhaltend geworden bin, was sicherlich auch mit diesem Verlust zu tun hat.

Ach was, sagen wir die Wahrheit, ich habe zwar mildes Interesse, aber nicht viel Lust. Der Spruch »Der Geist ist willig, aber das Fleisch ist schwach« bekommt hier eine ganz eigenwillige neue Note.

Ich scheine auf einige Männer noch sexy zu wirken, habe nichts zu verlieren, bin erfahren und selbstbewusst genug, um Sex selbst so mitzugestalten, dass ich auf meine Kosten komme, selbst wenn der Mann nicht der heißeste Lover unter der Sonne ist. Also, warum der Verlust der Lust?

Ich bin mir noch nicht einmal sicher, ob es mich sehr stört, denn eigentlich war Gerd nicht mein Typ. Dann wiederum kenne ich genug Frauen, die sich einfach jemanden sexy gedacht (oder getrunken) haben, weil sie einfach große Lust auf Sex hatten und weil ein Mann da war, willig und der Sache gewachsen (wortwörtlich).

»Du bist zu wählerisch«, höre ich meine Freundin Sarah sagen.

Ja, das bin ich wohl, und eigentlich finde ich das ziemlich angebracht für eine Zweiundsechzigjährige.

Weggelassen hat sie den Satz: »Sei froh, dass noch jemand an dir interessiert ist!«, und: »Kannst du dir das erlauben?«

Ich weiß es nicht. Was bedeutet das auch?

Doch nur die Akzeptanz einer Eingrenzung der Wahlmöglichkeit, also das Prinzip Dankbarkeit, zu dem Frauen leider neigen. Wo bleibt da der eigene Wert?

Mir fällt manchmal dieser wirklich platte Satz der L'Oréal-Werbung ein, den die Reichen, Gefärbten und Berühmten dieser Welt mit einem neckisch-emanzipatorischen Lachen von sich geben: »Weil ich es mir wert bin!«

Ich bin dankbar für vieles: meine Gesundheit, die Existenz von New York, die noch wenigen wunderbaren Orang-Utans, Champagner, die Beatles, Demokratie, Lippenstift, Parks und Budnikowski. Aber dankbar, dass ein mir bis dato unbekannter Mann sich für mich interessiert? Nein.

Ich verweigere mich also der Auflage – mehr als ich aufgrund von Männermangel und Alter sowieso muss –, nur deshalb Sex zu haben, weil er möglich wäre. Zu hohe Erwartungshaltung, die unter Garantie nicht erfüllt wird? Angst vor Enttäuschung? Oder ganz einfach hartnäckige Inflexibilität?

Wenn ich nicht genau das kriege, was ich will, dann will ich gar nichts, dieses Motto habe ich scheinbar bisher für mich nicht ändern können. Und es ist ein alter Klassiker. Jetzt mit Betonung auf »alt«.

Die Frage, die sich für alleinstehende Männer und Frauen ab sechzig also stellen könnte, wäre diese: Ist es schlimm, wenn man niemanden findet, mit dem man wirklich gern Sex hat, oder entscheidet man sich von vornherein, einfach auf Sex ganz zu verzichten?

Es gibt ganz viele, die Sex so aus ihrem Leben gestrichen haben wie Fritten, Sonne und unbequeme Schuhe. Und scheinbar wird es nicht als großer Verlust empfunden. Denn dass hauptsächlich Sex das Barometer für eine schöne Beziehung ist und nicht Liebe, Wärme und Verständnis, bezweifelt man vielleicht nicht, wenn man jünger ist. Aber es gibt so etwas wie eine Vergeistigung und Transzendenz, die nicht aus Frustration geschieht, sondern aus Lebenserfahrung.

Und ehrlich, wer kann schon diese Energie, die Sexualität einmal hatte, Jahr um Jahr aufrechterhalten? Vielleicht schießt das Interesse an Sex ab siebzig wieder etwas nach oben, weil sich die letzten Auseinandersetzungen mit dem Selbst friedlich eingependelt haben und nun Genuss wieder vornean steht?

Bisher geben jedenfalls die Frauen zwischen fünfzig und sechzig oft an, so überhaupt keine Lust mehr auf Sex zu haben. Und wie so oft bei kniffligen Fragen, haben wissenschaftliche Studien einige Antworten parat. Und die haben oft mit der Natur zu tun. Ab fünfzig sinkt jeder Spiegel, besonders der hormonelle – und dann auch bald der echte in der Hand, nach einem Blick ins ältere Antlitz. Keiner will sich mehr sooo genau angucken.

Nehmen wir uns die Natur einmal vor. Sie wird als Frau dargestellt und Mutter genannt! Also kann sie nicht frauenfeindlich sein, oder? Na ja, Frauen sind auch launisch, rachsüchtig und nicht immer die besten Freundinnen oder Mütter.

Vielleicht ist auch Mutter Natur hormongesteuert! Und ist nach zu viel Sex mit den Herren Herbst und Winter (Frühling und Sommer sind weiblich, meiner Meinung nach) mit Stürmen, Blitzen, Überschwemmungen und so weiter zu dem Schluss gekommen, dass irgendwann einmal Schluss sein muss mit Drama, Eros und zu viel Leidenschaft. Sie hat sich also etwas dabei gedacht, als sie dafür gesorgt hat, dass

Frauen mit sechzig endlich einmal etwas zur Ruhe kommen. Wer braucht pulsierendes Verlangen beim Anblick jedes attraktiven Mannes, schlaflose Nächte, Eifersüchteleien und all den anderen Unsinn, der jungen Frauen das Leben schwermacht?

Am interessantesten finde ich die Frage nach der individuellen sexuellen Persönlichkeit, die jeder besitzt. Verlieren wir wirklich total die Vitalität und Kraft, die Sex darstellt, ihre grundsätzliche Essenz, nur weil wir älter werden? Und ist denn nicht auch bei Sexualität irgendwann ein natürliches Ende vorprogrammiert? Ist es nicht ein Teil des Loslassens dieses Teils von dir, der einmal blühte und forderte und heiß und ungeduldig war? Vielleicht altert unsere Sexualität einfach in demselben Stil wie der Rest von uns.

Oder bleibt sie so, wie sie immer war? Kann aus einer ehemals schüchternen und nüchternen, wenig lustbetonten Frau im Alter eine fröhlich vögelnde Liebhaberin werden? Oder wird aus einer wilden und leidenschaftlichen, nahezu promisken Sexsirene unter Umständen eine zurückhaltende und sexuell wenig aktive Mittsechzigerin?

Wir ändern uns nicht groß im Alter, wir werden nur mehr wir selbst, sagt man – sicherlich eine große Wahrheit.

Ich glaube auch, dass es einen Teil in einem selbst gibt, der sich NIE ändert – wohl der Teil, der unversehrt geblieben ist und sich selbst spiegeln kann.

Unsichtbar

Ich stelle allerdings bald darauf fest, dass ich mich nur zu gern auch von Männern gespiegelt sehen will, auch da hat sich meine Eitelkeit nicht geändert. Ich stehe an der Kasse bei Lidl (ja, das vermeide ich sonst!), und da steht *er*. Wirklich. Es hört sich wie ein Klischee an, aber ich bin sofort Feuer und Flamme.

Groß, schlank, dichtes, leicht lockiges, längeres Haar in einem fantastischen Dunkelgrau. Wie ein schicker Wolf sieht er aus und ist so alt wie ich, nehme ich an. Bartstoppeln, tiefe Kerben um den Mund, schmales Gesicht, graue intelligente Augen. Er trägt alte Jeans, einen Wollpullover mit Reißverschluss und abgetragene Arbeiterstiefel. Künstler nehme ich an. Sexy.

Er hat nur einen riesigen Charakterfehler. Er guckt mich nicht an! Wie kann das sein? Ich bin genau sein Typ, ich weiß das. Ich lege meine Biomöhren auf das Laufband, die hatte ich nämlich vergessen und war schnell noch einmal von zu Hause losgerannt. Eigentlich bin ich jemand, der sich auch zum Einkaufen etwas zurechtmacht – Lippenstift, Ohrringe und so weiter –, aber ich hatte keine Zeit. Ich habe allerdings eine witzige kleine Kappe auf.

Ich lehne mich also lässig gegen das Laufband und gucke wie zufällig rüber. Leicht gelangweilt. Jetzt müsste er mich aber sehen! Nein, er guckt nach vorne.

Aufs Laufband werde ich mich nicht stellen und einen kleinen Stepptanz hinlegen. Der Mann soll mich ansehen, verflucht, innehalten wie vom Donner gerührt, sein Herz soll einen Extrasprung machen, der ihn überrascht, weil auch er in diesem späten Lebensabschnitt damit nicht mehr rechnet. Wir bleiben stehen, gehen aufeinander zu, Herzen klopfen …

»Gehört der Quark auch noch Ihnen?«, durchschneidet die Stimme der Kassiererin dieses schöne Szenario.

Was für ein Loser, denke ich. In Wirklichkeit greift die kalte Hand der Erkenntnis an meine Brust. Irgendwann, irgendwie wird man über weite Strecken unsichtbar. Nicht witzig und machtvoll unsichtbar wie Comicstripfiguren, die die Welt retten und sich mit Tricks wieder sichtbar machen können, nein, Frau-über-sechzig-unsichtbar, kein-Sexobjekt-mehr-unsichtbar. Wieder dorthin geschoben, von wo man als junge Frau in der Emanzipationsbewegung der ersten Stunde endlich ausgebrochen war – in die hintersten Reihen.

Das schlimmste Erlebnis im Alter ist, wenn man übersehen wird und nicht mehr in der Parade mitwirken kann, in der man früher dabei war, auffiel, begehrt wurde, der Mittelpunkt des Interesses.

Ich will keine unsichtbare Frau werden! Diejenige, die übersehen wird, egal ob im Restaurant, auf dem Markt, im Coffeeshop, auf der Straße, in der Boutique, im Kino – also an jedem öffentlichen Platz, bei jeder Funktion, jeder Freude, die wir haben und die uns mit unseren Mitmenschen verbindet. *Sharing the space.* Den Raum zu teilen, aber eben auch die Lebensqualität, die Aufmerksamkeit.

Aufmerksamkeit ist eine sehr wichtige Sache im Leben. Sie gibt uns Daseinssinn und Stabilität, setzt uns in die Mitte

des Universums. Sie macht uns zur Teilhaberin, Mitmische-
rin, zum wichtigen Mitglied der Gesellschaft, zum Club-
Member mit goldener Eintrittskarte, die eingelassen wird in
die Hochburgen des Lebens und der Aktivitäten. Aufmerksamkeit bedeutet, keine Frau zu sein, die mit Ablehnung
oder kritischen Blicken geschmäht wird, weil sie eine billige
Karte zweiter Klasse hat.

Nach dieser für sich genommen wenig tragischen Episode kommt es schlimmer. Wie schwer es ist, den Realitäten
ins Auge zu sehen, und wie sehr ich in mein Selbstimage
verheddert bin, zeigt mein Staunen über Blicke von älteren
Herren. Meine Popularität steigt nämlich seit einiger Zeit,
so viel steht fest. Zumindest bei denen, die ich arrogant die
Altherrenriege nenne.

Ich gehe einkaufen, ein schlurfiger Pensionärstyp mit Per-
lonsocken schleicht sich an mich ran und raunt: »Die Pfirsi-
che sind wirklich lecker«, während er seine Einkaufstasche
schwenkt und mich freudig anblickt – nicht wissend, dass
ich Männer mit Einkaufstaschen ebenso schlimm finde wie
alte Männer mit baumelnden Ohrringen.

Ich sitze auf der Bank vor dem Eisladen und lecke ein Eis,
eine mindestens fünfundsechzigjährige Frohnatur setzt sich
dazu und sagt: »Darf ich mal lecken?« (Ja, das ist wirklich
wahr!)

Ich fahre mit der S-Bahn. Ein sehr traurig und einsam
aussehender Mann in Jeans mit Bügelfalte und einer Sport-
zeitschrift auf den Knien, so Mitte sechzig, starrt mich bit-
tend an. Und so weiter.

Steht mir auf der Stirn geschrieben: »Hallo, ich bin fast
in eurer Altersgruppe, bitte sprecht mich an?«

Dann meldet sich auch noch ein zweiundachtzigjähriger
Informatiker online bei mir. Ich bin schockiert und empört.

Wie kann es so ein alter Mann wagen, eine zwanzig Jahre jüngere Frau anzuhauen? Überhaupt, wieso sucht der in dem Alter eine Frau?

Sieh mal an, ich bin also doch nicht so frei von Vorurteilen, genauso wie der Rest der Menschen. Vor allem, welche seltsame Art von Einbildung und Anspruch ist denn in mich gefahren?

Warum haben wir solche Angst vor dem Alter? Nicht nur vor unserem eigenen, sondern dem unserer Mitmenschen, einschließlich Eltern, Freunde, Partner und Liebhaber? Wir machen unsere älteren Mitbürger zu scheintoten Freaks, die als erloschene Halbgestalten lediglich Weisheit und verblasste Erfahrungen weitergeben dürfen, die Milde und Güte ausstrahlen und unauffällig in ihrem kleinen Universum herumsitzen.

Alter spielt eine große Rolle, wenn es um Vorurteile geht, haben neue Studien der University of Princeton herausgefunden. Nicht nur das, es hat sich gezeigt, dass ethnische und rassische Stereotypen eher zu verändern sind als die über Alter und Geschlecht. Alte Leute werden nach wie vor als »harmlos und nutzlos« angesehen.

Wenn ich das höre, dann möchte ich alles in die Luft sprengen (mental natürlich), möchte Fressen polieren und randalieren, laut kreischen, Rad schlagen und rocken und rollen – immer noch meine Musik.

Wir haben also nicht nur Angst vor dem Alter, wir haben Angst vor dem Bild, das die Gesellschaft und daher letztendlich auch wir selbst vom Alter haben. Wie die Jüngeren uns sehen, wie sie uns aburteilen, wie sie uns fühlen lassen, dass wir nichts zu sagen haben, beeinflusst auch unser Selbstbild.

Toni, der ich die Lidl-Episode von dem Mann, der mich nicht sehen wollte, erzähle samt meinen Gedanken dazu, fühlt zwar mit mir, weist mich aber zurecht: »Erstens kannst du nicht erwarten, dass dich jeder Mann anguckt, auch wenn er in deinem Alter ist. Vielleicht war er verheiratet, oder er hat gerade seinen heißen Job verloren! Zweitens kann es dir doch piepegal sein, was die Gesellschaft meint und sagt, interessiert dich doch sonst auch nicht. Nähere dich doch weiterhin deinem eigenen authentischen Bild.«

Danke, Mädel!

Ein harter Kampf wird das aber bleiben.

Beige, beige, beige sind alle meine Kleider

Was Frauen täglich alles durch den Kopf geht, ist bei den vielen rasenden Gedanken ziemlich schwer zu erforschen. (Bei Männern ist es laut verschiedener Studien ziemlich einfach: Sie denken meistens an Sex.) Aber ein ganz wichtiger Gedanke ist unter Garantie täglich dabei: Was ziehe ich an? Denn unser Aussehen und wie wir uns kleiden ist unverwechselbarer Ausdruck unserer Persönlichkeit. Auch bei mir kamen Stilfragen stets auf, wenn sich ein Date näherte. Eigentlich hat das nicht unbedingt etwas mit den Männern zu tun, denn ab einem bestimmten Alter wird die Art der Kleidung zur Philosophie.

Wie will man wirken? Natürlich, zurückhaltend, cool, elegant, chic, lässig, sexy, flippig, damenhaft? Angeblich soll sich die Frau ab fünfzig am besten in freundliches Beige, feines Dunkelblau, in Kaschmir und Kamelhaar gewanden. Das ergibt einen Look von Perlenkette und Jeans mit Bügelfalte, der einen so unauffällig in den Hintergrund einfügt, dass man damit verschmilzt. Womit wir wieder beim Thema »unsichtbar« wären ... So haben die Jüngeren das Alter gern: hinten und nicht im Vordergrund.

Tragischerweise wird die Frau über sechzig in der Mode noch nicht so recht wahrgenommen. Und eigentlich gibt es nur drei Richtungen: Oma, Dame oder Nutte – und alle drei bringen es nicht.

Ich selbst bin keine Jeansperson, sondern mag es lieber individuell mit einem Tick Extravaganz. Aber da muss man aufpassen, denn glaubt man ernsthaften Studien, mögen Männer am liebsten die Kombination T-Shirt-Jeans-Blazer, wenn man zu alt ist, sich in busenbetont, bauchfrei und kurz zu quetschen. (Denn das mögen sie natürlich *noch* lieber, allerdings eher zum Angucken bei fremden Frauen.)

Mit anderen Worten, wenn ich Walter, einen sechzigjährigen Akademiker im Vorruhestand treffe, dann will er eine »gepflegte« (wie ich den Begriff hasse!), sprich »normale« Frau sehen, und ich kann nicht einfach im durchgeknallten Vivienne-Westwood-Outfit aufkreuzen (das ich zum Glück nicht besitze) oder zu schick in Schwarz wie Catherine Deneuve (sechsundsechzig).

In unserem Alter ist natürlich gut auszusehen und sich passend anzuziehen ein riesiges Thema, eben weil wir jünger als unser Alter aussehen. Eigentlich ist die Frage nach dem Alter nie höflich, wichtig, richtig oder relevant, egal wer sie stellt, und sollte nicht unbedingt beantwortet werden. Aber wir sind es gewohnt, jeden schnell zu kategorisieren, wenn wir sein Alter wissen, sodass wir dann glauben, nichts weiter über ihn herausbekommen zu müssen.

»Na ja, so alt bist du ja nun auch nicht«, klingt es mir im Ohr.

Das ist sehr diplomatisch ausgedrückt, ich bin alt. Nur eben nicht auf die Art, wie es früher üblich war. Ich bin modern und jugendlich alt. Ich bin »dafür-sehen-Sie-aber-noch-gut-aus«-alt. Das ist zwar ein Satz, der um die Welt geht, aber eben auch der Satz, den man jedem, der ihn ausspricht, um die Ohren hauen darf. *Dafür* sieht man also gut aus. Danke. Wie war das noch: *Wofür?*

Die meisten von uns sehen tatsächlich ziemlich fit aus. Da ist nur die vertrackte mollige Mitte. Eigentlich bin ich Fast-Vegetarierin, schwinge auch ab und zu lustlos die Beine in Fitnessclubs, mache Yoga, stemme Gewichte, schwimme im dunklen Einteiler tapfer neben achtzehnjährigen Amazonen durch grünes Chlorwasser und gehe schnellen Schrittes an der viel zu großen Pralinenabteilung im Kaufhaus vorbei.

Und was zeigen all diese unfrohen Realitäten?

Spätestens ab fünfzig wird jedes unliebe Thema neu aufgerollt, alles unter dem Aspekt der äußerlichen Veränderungen im Alter, die so unaufhaltsam sind wie ein Gitarrenriff von Led Zeppelin. Die inneren Veränderungen brauchen länger, um adressiert und akzeptiert zu werden.

Alter, glaubt man den Kosmetikanzeigen, ist ein nur schwer zu kaschierender Makel, der sich tief in Haut und Seele gefressen hat und den man bekämpfen muss wie Siegfried den Lindwurm. Wer sich von dem Wahnsinn abwendet, spart viel Geld und blödsinnige Anstrengungen.

Immer wenn ich halb nackte junge Mädchen sehe, bin ich froh, dass wir älteren Frauen uns nicht mehr mit dem Hintern ausdrücken müssen.

Ich habe mir jetzt ein sehr schönes Foto von Meryl Streep und Charlotte Rampling an die Wand gepinnt. Als Erinnerung daran, was alles ab sechzig geht. Und als Inspiration dafür, dass Schönheit und Eleganz etwas mit Vitalität und dem Wissen in den Augen tun haben und der Einstellung zur eigenen Selbstsicherheit.

Beide Frauen sind keine Modesklavinnen. Meryls Geschmack ist manchmal etwas hausbacken, rüschig und ungünstig, wie die Oscar-Verleihungen zeigen, aber alles in allem ist sie schlicht angezogen. Ihr wunderbares Gesicht, voll mit Humor und Wärme, ihre weiblichen Formen und völliges

Fehlen von Eitelkeit lassen einen sowieso falsche Rüschen vergessen. Charlotte hat mehr Stil. Sie ist die etwas strenge Minimalistin mit einem Jungskörper, da geht so was. Bei ihr ist es die klassische Uniform – schwarze Anzüge, weißes Hemd, flache Schuhe. Schluss.

Großes Gähnen mit dem Bildungsbürgertum

Ich habe neuen Mut gefasst und maile Sarah recht enthusiastisch: »Ich habe einen sehr smarten Literaturwissenschaftler an der Leine. Treffe mich übermorgen mit ihm. Gleiches Alter. Interessantes Gesicht.«

Sie antwortet mit einer kritischen Betrachtung: »An der Uni sahen die Geistes- und Literaturwissenschaftler immer ein bisschen zerzaust aus, die Juristen und Betriebswirte waren attraktiver.«

Das mag ja sein, aber Günther und ich hatten wirklich einen sehr spritzigen und intelligenten Mail-Wechsel bisher, der richtig Spaß bringt. Literatur, Geschichten aus Boston, wo er studierte, das Leben selbst – er weiß die Worte zu setzen. Das gefällt mir, denn irgendwann hatte *ich* auch einmal die Fantasie, dass sich jemand nur in meine Worte verliebt, also auch in mein wirkliches Wesen, dem ich durch meine seelenvollen, wunderschönen Gedanken Leben einhauche. So wie der großnasige Cyrano de Bergerac und all die romantischen, häufig eher hässlichen Helden, die die Frauen mit der puren Schönheit ihres Geistes blenden und so das Herz der Geliebten gewinnen konnten.

Aber wenn es einen Ort gibt, wo es Leuten ziemlich wurscht ist, wie kunstvoll man die Worte zu setzen weiß, dann sicherlich das Internet.

Günther hat jedenfalls einen riesigen Bonus, und ich bin erpicht darauf, ihn zu treffen. Zwar fällt der Stimmtest nur mittelmäßig aus – er hat ein etwas japsiges Lachen –, aber die Hoffnung stirbt zuletzt, wie mir Karen zum hundertsten Mal bestätigt.

Oh, wie recht hat Sarah. Der Mann, der ins Restaurant geschlurft kommt, ist ein knitteriger, freundlicher und schlecht angezogener Herr mit Brille und Platte, der im Halbprofil eine unglückselige Ähnlichkeit mit dem ältlichen Adolf Eichmann bei seinem Prozess hat.

Günther sah auf dem Foto ziemlich gut aus. Vielleicht lag es an der Baseballmütze, die – so albern solche Mützen oft wirken – tatsächlich eine gewisse Jugendlichkeit vermittelte. Und sie verdeckte fehlendes Haar.

Ich glaube, Günther sieht sich als recht flotten, überlegenen Intellektuellen, weil er auf der körperlich-sinnlichen Ebene nichts offensichtlich Markantes zu bieten hat.

Eigentlich mag ich Intellektuelle sehr, obwohl sie ja sonst bei Frauen zu den weniger begehrten Exemplaren gehören. Geist wird mit Kompensation und Asexualität assoziiert (bei Männern und Frauen). Nach dem Motto, wenn der Körper und die sexuelle Ausstrahlung nicht reichen, dann müssen die guten alten Gehirnzellen aktiviert werden, um den vermeintlichen Makel zu überbrücken. Damit zumindest irgendein Körperteil beschäftigt ist. Sehr ungerecht, denn es gibt nichts Feineres als supersmarte Frauen und Männer. Keiner wird Einstein für ein sinnliches Sexsymbol halten, aber er war ein Frauenheld, denn Schlauheit und Charme sind eine sehr attraktive Kombination.

Ich selber mochte witzige Schlauberger und Brillenträger immer sehr gern. Als ich Teenager war, gab es einige

Jungs mit schwarzen Rollkragenpullies und schwarz umrandeten Brillen, die Jazz hörten, philosophische Bücher unterm Arm trugen und existenzialistisch daherredeten. Ich war sehr beeindruckt. Später machte dann John Lennon nicht nur Rockmusik, sondern Intelligenz und runde Brillen aufregend.

Die Goldrandbrille über dem älteren Auge, das etwas an Strahlkraft eingebüßt hat, wirkt natürlich nicht mehr besonders stimulierend. Und so wie Günther mich jetzt bei einem Glas »anständigem« Wein anguckt, während er die zehn Finger zu der klassischen Pyramide der Denker formt, ist er mehr Professor Pieselstein als Hans Herzensbrecher.

Er schmeichelt mir geschickt: »Eine Frau wie du wird sicherlich bestürmt …«

Oh ja, denke ich, von morgens bis abends. Von *werner* und *jochen*, *nordmann* und *superheld*, *hajo56* und *bierbauch101*, von geilen Siebenundzwanzigjährigen und verheirateten Schreibtischtätern, von redlichen Schreinern und großkotzigen Baulöwen, biederen Pensionären und Lehrern, Managern und Kapitänen.

Wir reden über Bücher, er ist wirklich sehr belesen, und zwischen den Zeilen erfahre ich, dass er seit zwanzig Jahren (seit der Scheidung) allein lebt und wirklich sehr, sehr gern wieder heiraten möchte. Sein gepflegter Weinkeller und die Federballorgien, die sich im Garten seines Häuschens in Ahrensburg abspielen, werden sicherlich helfen, eine sympathische Mittfünfzigerin anzulocken.

Wieder fühle ich mich wie auf einem anderen Planeten. Ist es Arroganz oder bin ich nie erwachsen geworden, dass ich so an einer adoleszenten Trotz- und Traumhaltung festhalte? Ich komme mir die ganze Zeit wie eine missratene, aufmüpfige Nichte von achtzehn vor, die gerade mit dem

Onkel Eis essen gegangen ist, weil die Mutti es ihm aufgetragen hat, damit er mal mit ihr redet.

Und nun muss ich brav, aber tödlich gelangweilt still sitzen und eine gepflegte Unterhaltung führen, während mein Hirn rattert, vibriert und meine Doppelleben-Teenagerstimme in meinem Inneren nachäffend sagt: »Ach wirklich, hätte ich nie gedacht.« So wie früher in der Schule, als freche Bemerkungen zum Lehrer nur in der Fantasie gewagt wurden.

Wir leben anscheinend in der Illusion, dass nur andere Leute älter werden, nur nicht wir selbst. Wer kennt nicht diese fast surreale Erfahrung, im Kaufhaus oder in einem Restaurant an einem Spiegel vorbeizugehen und rein zufällig einen schnellen Blick auf diese grauhaarige alte Person zu werfen, die seltsamerweise dort reflektiert wird, wo man gerade selbst steht? Ist es schwarze Magie, hat jemand verrückte Zauberspiegel hingestellt, sitzt man einer gemeinen Täuschung auf?

Das bin doch nicht ich! Oh doch, das bist du!

Doch es gibt Unterschiede, darauf bestehe ich. Ich habe fürchterlich gealterte Personen meiner Generation gesehen, und es waren nicht die Falten oder grauen Haare, die mich erschauern ließen.

Es waren ihre erloschenen Gesichter, ihre immer vollen Weingläser in der Hand, ihr gieriges Ziehen an Zigaretten, ihre weichen, nach Trägheit und Selbstaufgabe riechenden Körper, die nach Konsum hungern und nie satt werden, und letztendlich ihre fehlende Neugier und Vitalität.

Endstation Sehnsucht

Auch dieses Treffen nähert sich seinem berechtigten Ende. Ich frage mich allerdings: Wieso habe ich mich so getäuscht in ihm? Die Antwort ist vielleicht: Weil wir den Blick auf den anderen nicht von dem auf uns selbst trennen können und nach Wunscherfüllung suchen.

Die Sehnsucht nach Romantik ist zweifellos zeit-, alters- und geschlechtslos und treibt uns dazu, immer wieder zu glauben, zu hoffen und, vor allem, zu interpretieren.

Hat er mich nicht mit diesem ganz besonderen Blick angeguckt? War da nicht große Erregung in seiner Stimme? Und diese Sehnsucht ist auch eine große Triebfeder für allen möglichen Unsinn, auf den man reinfällt und dem man immer wieder hinterherjagt wie einem Phantom. Man will es greifen und behalten, das große Gefühl, den Mythos Liebe, endlich in den Händen halten, für immer.

Ich bin offensichtlich auch manchmal ein Opfer dieser Sehnsucht. Es gibt wohl tief drinnen ein Element, das von altmodischen Wünschen und einem traditionellen Glücksbild besetzt ist: Er muss mich nun nicht mit einem eleganten Schwung auf sein Ross hieven und in den Sonnenuntergang hineintraben, es würde schon ein Spaziergang am Ozean reichen.

Gleichzeitig muss ich sagen, dass ich dieser Stimme, die an den weisen, inzwischen ergrauten, gütigen Prinzen glaubt, nicht wirklich zu viel Bedeutung beimesse, sondern ihr mit einem gütigen Lächeln mental über den kleinen Scheitel streichle.

Wie intelligent Günther ist, beweist er mit seinen launigen Abschiedsworten: »Wir sind wohl nicht füreinander bestimmt, oder?«

Guter Humor. Spricht für ihn.

Nach so einem knautschigen Kauz überfallen mich geradezu schwärmerische Fantasien. Ich will sofort so einen wie Cary Grant oder den Draufgänger Rhett Butler aus *Vom Winde verweht*, egal, nur irgendeinen eleganten großen Charmeur alter Schule.

Woher kommt meine Sehnsucht nach dem Altmodischen, nach Galanterie und Stil, nach Vertrautem, nach etwas, das ganz weit zurückliegt, aber nicht weit genug, als dass ich es nicht noch spüren könnte? Mein Vati.

Er sah sehr gut aus, küsste den Frauen die Hand, was sie liebten, und sagte: »Gnä' Frau.« Sie zerflossen vor Geschmeicheltsein. Er roch nach Old Spice, hatte immer einen tadellosen Anzug und ein gestärktes weißes Hemd an und sah aus wie aus dem Ei gepellt, wenn er von der Arbeit als Werbechef nach Hause kam. Seine Töchter himmelten lange Jahre dieses Exemplar klassischer Männlichkeit an, das nach achtzehn Uhr leider nur wenige Minuten zu bestaunen war. Endlich zu Hause, legte er sofort den smarten Geschäftsmann ab und schlüpfte in Schlappen, Wolljacke und einfache Flanellhosen. Dass er trotzdem eine gewisse Eleganz behielt, war einfach Glück.

Ich bin sonst Männern in Wolljacken und Schlappen gegenüber in meinem Dunstkreis ziemlich intolerant.

Kompromisslos allein

Nach einem frustrierend ausfallenden Update mit den Freundinnen über die neuesten Männergeschichten kriege ich etwas zu hören.

»Du musst willens sein, Kompromisse zu machen«, raten sie mir streng. Und das ist nicht das erste Mal.

Oh ja, ich und Kompromisse, ein schmutziges, fürchterliches Wort für kriechende Underdogs, das um jeden Preis zu vermeiden ist, damit man seine Identität retten kann. Die habe ich mir mit allen Schattierungen erkämpft und hüte sie nun wie einst meine Oma das Rezept für Dresdner Stollen. Deshalb lebe ich auch seit zehn Jahren allein.

»Du bist sehr, sehr eigen«, erklärt mir auch meine Mutter, die mich gut kennt, sehr, sehr diplomatisch.

Die Wahrheit ist, dass sie mich manchmal hoffnungslos schwierig findet. Nicht im Leben, nicht als Mensch und Tochter – vielmehr sei mein Anspruch an Liebe und Männer überhöht. Und mein scheinbar nicht vorhandener Wille, mich ein klein wenig anzupassen, lege mir Steine in den Weg, die ich da sicherlich unbewusst gern haben will, damit Männer darüber stolpern.

Aber es kommt ja immer so, wie es nach den logischen Lebensregeln kommen muss. *Ich* bin letztendlich am häufigsten darüber gestolpert.

Doch man gewöhnt sich ganz gut an die Stehaufmännchen-Philosophie (wieso eigentlich »Männchen«?), und nach Jahrzehnten tapferer und durchaus erfolgreicher Wiederaufstehversuche ist einem die Kämpfernatur so vertraut wie tägliches Zähneputzen.

Die andere Seite – Frauenzauber

Sarah hat eine Idee. »Du solltest vielleicht einfach alterslesbisch werden«, empfiehlt sie.

Sie liebt das Wort: alterslesbisch. Hört sich so an wie eine Verzweiflungstat. Als würde man in ein anderes Reich hinübergleiten. Wie ein Rückzug in eine besser bekannte Welt der weiblichen Angleichung und Symmetrie, die Frieden, Solidarität und Verständnis verspricht, anstatt nervende Kämpfe mit diesen penistragenden Gestalten vom anderen Lager.

Es ist wohl wirklich so, dass sich einige Frauen im Alter dem eigenen Geschlecht zuwenden. Theoretisch keine so schlechte Idee, zwei Frauen in einem Haushalt, das ist doch eine Garantie für den reibungslosen Ablauf.

Aber wie ist es mit der sexuellen Anziehungskraft für das gleiche Geschlecht? Kann man die nach dem Willen produzieren oder hochheizen, da man glaubhaft informiert ist, dass wir ja alle irgendwo bisexuell sind, was auch Sinn macht, und es obendrein mehr lesbische Frauen als homosexuelle Männer gibt? Oder handelt es sich bei solchen Beziehungen einfach um eine praktische Entscheidung, basierend auf der Erkenntnis, dass Männer letztendlich artfremde Biester und Frauen im Haus einfach netter um sich zu haben sind? Oder aber ist es die ultimative letzte Mutprobe, sich nach lebenslanger Geheimnistuerei endlich stolz zu seinen lesbischen

Neigungen zu bekennen, weil jetzt, verdammt noch mal, vollkommen egal ist, wie schockiert Kinder, Eltern, Arbeitskollegen und Freunde sind?

Also, zu letzteren Frauen gehöre ich nicht, ich trage dieses Geheimnis nicht in mir, aber ich finde attraktive Lesben sehr interessant – und ebenfalls attraktiv. Ich stehe nicht unter Strom und muss ihnen die Kleider vom Leibe reißen, aber wenn sie schöner und sexier sind als ein tumber, oller, fetter Muffel, dann wären sie doch theoretisch die bessere Wahl, oder?

Leider ziehen bei der Wortkombination Alter und lesbisch keine wirklich schönen und aufregenden Bilder an meinen Augen vorüber. Einst vielleicht androgyn aussehende schlaksige Frauen, die jedem Jüngling Konkurrenz gemacht hätten, sind die als *butch* (also betont männlich) bekannten Typen nun gekleidet wie korpulente alte Rentner: Mit Khakihosen, Freizeitweste und gesunden Einlageschuhen, kurz geschorenem Grauhaar und großem hängendem Busen, ungebändigt durch so ein von Machos erfundenes Marterwerkzeug wie einen BH, schlurfen sie Hand in Hand herum.

Übrigens habe ich das Geheimnis nie ergründen können, was hinter dem unbedingten Diktat steckt, als Lesbe um keinen Preis der Welt weiblich und attraktiv aussehen zu wollen. Ist man nicht durch die Ablehnung oder Neutralisierung des verführerisch Weiblichen (lange Haare, fließende Kleidung, Make-up) und die Imitation des Männlichen (Westen, Hosen, Stiefel) wieder dort gelandet, wo man wegwollte – nämlich in der Welt der Männer, getarnt als exklusive Weiberwelt? Liebt man nicht Frauen, weil sie eindeutig Frauen sind und nicht ein vermurkster Frauenverschnitt? Auch als Lesbe? Warum sehen dann viele Lesben aus wie ein drittes Geschlecht aus dem sexuellen Niemandsland oder wie Türsteher oder Ringer, vor denen man Reißaus nimmt?

Das ist natürlich nur der eine Typ. Gott segne die sogenannten Lippenstiftlesben! Von denen gibt es ja auch einige – siehe Jodie Foster und Anne Will.

Ich habe gerade in Amerika und Holland sehr hübsche lesbische Frauen kennengelernt, die jeden Mann und jede Frau um den Finger gewickelt hätten (oder auch haben), wenn sie wollten und sich auf der Gegenseite zumindest ein Fünkchen Entgegenkommen gezeigt hätte.

Selbstversuch

Ich weiß jetzt nicht, ob sich Sarah einen Scherz erlaubt hat, aber gerade als es langweilig wurde, flackerte eine neue Nachricht in mein Fach: Ich hatte zwei Tage gar keine und dann hintereinanderweg drei Tage lang nur wohlmeinende Altherrengrüße wie »Ich wollte nur ein geruhsames Wochenende wünschen« gekriegt, da kam eine unerwartete Botschaft.

»Ich finde dich so attraktiv«, schreibt *lesbocat* einfach und schickt mir relativ zahme Mails, die sich auch nicht anders als die von gesitteten Männern anhören. Sie sei siebenundvierzig, nach einer langen Beziehung allein und suche jemanden, mit dem sie Spaß haben kann. Sie liebe Sport, sei Fitnesstrainerin in einem Gym, möge gern Soulmusik und tanze gern – was ich auch tue.

Ich antworte ihr einigermaßen wahrheitsgemäß, vergesse auch nicht zu erwähnen, dass ich nicht lesbisch bin. Treffen könne man sich aber ruhig …

Eigentlich haben Lesben ein eigenes Online-Forum, aber manchmal checken sie (und die Bisexuellen) auch Heteros aus – wer kann es ihnen verübeln? Ich bin ein paarmal in meinem Leben von Frauen angemacht worden, habe das in meiner Naivität aber nie bemerkt. Manche Menschen haben keine Antennen für Homosexualität.

»Was, Elton John ist schwul? Nee, das kann nicht sein!«, zu der Art Mensch gehöre ich.

Nicht einmal der vor Jahren von einer Frau direkt an mich gerichtete, von einem tiefen Augenaufschlag begleitete Satz »Hast du schon mal was mit einer Frau gehabt? Ist viel schöner als mit einem Mann!« kam mir verdächtig vor.

Dann wiederum habe ich einige sehr sexy aussehende Frauen gesehen, bei denen ich dachte, diese Art Körper und Weiblichkeit ist eigentlich auch ganz schön, könnte Plan B werden …

Ich glaube ganz fest, dass Frauen bei anderen Frauen zwar Alter, Schönheit, Figur, Geschmack genauso registrieren wie Männer, aber weit weniger be- oder verurteilen, allein schon deshalb, weil sie als Prestigeobjekt wegfallen; einer der Gründe, warum Frauen sich mit Frauen meist wohler fühlen als mit Männern.

Fast jedes Mädchen hat scheinbar eine Episode in ihrem jungen Leben, in der sie völlig vernarrt in eine Freundin oder Mitschülerin ist, in der man sich anfasst, schmust, unendlich kichert, sich wie ein Zwillingspärchen fühlt. Das gehört mit zur Identitätssuche. Denn wenn Jungs blöd und fremd sind, noch nicht die Grenze zwischen doofem Rüpel und sexuell präsentem jungem Mann überschritten haben, dann hält man sich an Mädchen.

Ich jedenfalls liebte mit dreizehn Annemarie, total platonisch natürlich. Wir gingen zusammen in eine Klasse, saßen nebeneinander, warfen uns begeisterte Blicke zu, in denen die Erkenntnis »Ich bin du und du bist ich« lag, und hielten manchmal Händchen! Jawohl!

Annemarie war Nägelkauerin, aber bildhübsch, blond, sanft, weich und rund – und eine schlechte Schülerin. Ich glaube, die Jungs in der Klasse, die uns sahen, fanden unser Benehmen befremdlich, vielleicht dachten sie aber auch »typisch Weiber«, weil die ja ständig sehr schwer einzuschätzende Dinge taten.

Nach einem halben Jahr war alles mit Annemarie verpufft, weil ich in eine andere Schule kam.

In den Schulen hatte man damals scheinbar große Angst vor den kranken sexuellen Irrwegen junger Mädchen. Das Wort lesbisch wurde jedoch nie ausgesprochen, und wir wussten auch nicht so richtig, was solche Frauen taten, wie sie aussahen und wo man sie zu Gesicht kriegen konnte. Irgendwie hatte man mal etwas in dem Tatsachenbericht einer Illustrierten über »verbotene Liebe« gelesen, oder man schnappte auf, dass die zwei herben, Make-up-freien, stählern-sportlichen Damen, die eine Straße weiter wohnten, »andersrum« sein sollten.

Wir jedenfalls kriegten irgendwann eine neue Sportlehrerin, eine rothaarige ältere Lesbe, die besorgt um mich und Dagmar war, weil wir uns immer am Rücken kitzelten, wenn wir »nicht mitturnen konnten« – so hieß das dezent, wenn wir unsere Tage hatten. Nachdem sie uns beunruhigt beobachtet hatte, nahm sie uns zur Seite und belehrte uns streng, dass so etwas in der Schule nicht erlaubt sei. Dagi und ich hatten keine Ahnung, was sie meinte. Aber das Rückenkraulen hörte dann leider auf, ohne dass wir je auf den Grund des Kitzelverbots gekommen waren.

Ich verabrede mich also mit Christa, die sich Chrissie nennt, in ihrem Gym. Ich muss sowieso meine Gelenke und Muskeln etwas mehr bearbeiten, warum keinen Profi zurate ziehen.

Werde ich mich wohlfühlen?, geht es mir durch den Kopf. War das eine gute Idee?

Chrissie ist klein und kompakt, toll durchtrainiert, hat ein sehr freundliches, schmales Gesicht mit grünblauen Augen und schulterlanges dunkles Haar. Sie trägt Trainingshosen und ein T-Shirt und lächelt einladend, völlig natürlich und herzlich. Sie bietet mir Wasser an und zeigt mir erst einmal die Räume und einige Geräte, die für mich infrage kommen.

Ich erzähle ihr, dass ich Geräte und Sport hasse, aber endlich einsehe, dass ich nicht daran vorbeikomme, wenn ich nicht als schnaufende, dicke Oma im Fernsehsessel enden will.

Sie betrachtet mich aufmerksam und hat ein wirklich nettes Lächeln um die Lippen. Wahrscheinlich kennt sie die Weibergeschichten um Fitness und Schönheit.

»Ich mochte auch nie Sport als Kind und Teenager«, gesteht sie. »Ich war schüchtern und fett, aber dann entdeckte ich, dass ich gut Volleyball spielen konnte und unter dem Fett eine Athletin versteckt war.« Sie nickt und sagt weiter: »Das hat dann mein Leben sozusagen gerettet.«

Was für eine sympathische Frau, denke ich.

Ich setze mich zur Probe mal auf eines dieser Marterinstrumente, bei denen man die Beine rechts und links stellt und die Schenkel gegen die Polster presst.

»Gerade sitzen!«, befiehlt sie und drückt meine Schultern zurück – sanft und doch fest. Nicht unangenehm.

Aber eigentlich will ich jetzt keine Geräte ausprobieren, und Chrissie möchte etwas über meine gesundheitlichen Daten wissen und was man mit mir machen könnte. Wir setzen uns an den Tisch, sie holt ein Formular zum Ausfüllen.

Nach einigen Fragen zu Operationen, Familienkrankheiten und Allergien hört sie auf und guckt mich an.

»Ich möchte das doch klären. Ich will nicht, dass du dich unwohl fühlst. Das hier ist nicht wirklich ein Date, weißt du? Ich weiß, dass du nicht lesbisch bist!«

Ich lächle erleichtert und finde sie noch netter. Was sind Frauen doch sensibel, wenn sie nur wollen, immer daran interessiert, es anderen angenehm zu machen. Diese gewisse Stimmung und leichte Unbeholfenheit ist wie weggeblasen, und innerhalb kürzester Zeit reden wir über Frauenfreundschaften, lesbische Liebe, Männer und gesellschaftliche Vorstellungen.

Ich erzähle ihr von meinen Männergeschichten. Wir finden beide, dass wahrscheinlich angenommen wird, dass zwei Frauen besser miteinander auskommen als Mann und Frau – besonders, wenn man geklärt hat, dass Sex nur eine kleine Rolle spielt oder man sogar im Zölibat leben möchte. Einem Mann glaubt man nie, dass er nicht an Sex interessiert ist, auch wenn er fünfundachtzig ist, während die »vernünftigen« Frauen, deren Sextrieb angeblich niedriger ist, ganz einfach von dem selbstlosen, immanenten Verständnis-Bonus profitieren.

Ob das wirklich stimmt, frage ich. Ist eine lesbische Frau als Partnerin und Versorgerin verlässlicher und besser?

Chrissie glaubt daran, auch wenn sie einige schlimme Geschichten mit Frauen erlebt hat.

Ich erzähle ihr trotzdem von einem relativ kurz zurückliegenden gruseligen Mordfall in Florida, der ein *verheiratetes* lesbisches Paar Anfang fünfzig involvierte.

Zwei wohlhabende, berufstätige Frauen – eine war Reiseleiterin, die andere Informatikerin – verliebten sich, kauften sich ein Haus, lebten friedlich zusammen und heirateten sogar in einem Bundesstaat, in dem das erlaubt war. Dann gab es Zank, Eifersüchteleien. Die eine verdiente mehr Geld, ging heimlich in lesbische Clubs und verliebte sich in eine andere Frau. Da rastete die Verlassene aus und ermordete ihre Ehefrau mit einem Schraubenzieher und zweiundzwanzig Stichwunden. *A crime of passion.* Nach zwei Tagen erschoss sie sich selbst. Es ist also überall dasselbe mit Paaren und Leidenschaft. (Ich bin froh, dass Sarah nicht so viel Zeitung liest wie ich, denn sie hätte wieder Material gehabt, mir einen ihrer Horrorlinks zu schicken.)

Chrissie winkt lachend ab: »So was gibt es nur in Amerika.« Vielleicht.

Jedenfalls, wir reden und reden, haben ein echtes Gespräch, eigentlich das erste innerhalb meiner neuen Datingwelt. Das Thema Sex, lesbisch oder nicht, ist irgendwie unter den Tisch gefallen. So sind wir, die mitteilsamen, neugierigen Frauen, die egal, worum es geht, immer irgendeinen gemeinsamen Nenner, ein Interessengebiet suchen und auch finden, um sich auszutauschen, näherzukommen und auch zu unterstützen. Das ist die Frauenstärke. Der Quassel-Klub, und das sage ich liebevoll, funktioniert als Stütze und soziales Netz.

Chrissie erzählt mir, dass sie im Heim groß geworden ist und dort auch ihre ersten lesbischen Erfahrungen gemacht hat. Sie wurde entdeckt, und ihre Mutter, eine kleinkarierte, religiös angehauchte Bürgerstochter – ihren Vater hat sie nur einmal gesehen, als sie in die Schule kam –, war so erbost, dass sie die Sechzehnjährige verstieß und nie mehr besuchte.

Chrissie fing an zu trinken, nahm Drogen und hatte einmal Sex mit einem Mann im betrunkenen Zustand. Es gefiel ihr nicht. Irgendwann mit Mitte dreißig, nach zahlreichen Affären mit Frauen, ein paar damit verbundenen Prügeleien und deprimierenden Teilzeitjobs, zu denen sie auch im betrunkenen Zustand erschien, entschied sie sich für ein neues Leben ohne Alkohol und Drogen.

Immer sportlich und körperbewusst gewesen, fing sie in einem kleinen Fitnessstudio an und arbeitete sich hoch. Sie fühlt sich heute rundum gut, hat aber keine Freundin. Die letzte war zu eifersüchtig.

»Ich glaube, unter lesbischen Frauen ist die Eifersucht noch größer und extremer, weil die normale Familienstruktur wegfällt, die wohl mehr Sicherheiten gibt und Grenzen setzt.«

Ich bin beeindruckt von ihrer Einsicht.

»Was sucht Frau in einer Frau?«, frage ich sie.

»Ich nehme an, dasselbe wie in einem Mann«, entgegnet sie und lacht mich an.

Sie ist wirklich attraktiv!

Also, wir zwei saßen doch irgendwie im gleichen Boot, nur unter verschiedenen Flaggen. Wir suchten etwas, das nicht leicht zu finden ist: einen wundervollen, interessanten, sexy Partner.

Ich habe inzwischen eine SMS gekriegt und gucke schnell.

Karen schreibt: »Ich hoffe, wir haben dich nicht an die andere Fraktion verloren!« Witzbold!

Ich verabschiede mich und wünsche Chrissie alles Gute und dass sie eine passende Partnerin findet (und zwar ohne Schraubenzieher und loderndes Temperament). Das kommt wirklich von Herzen.

Ich werde als offizielle Fitnesskandidatin wiederkommen, verspreche ich.

Ich gehe gut gelaunt nach Hause. Es war ein sehr bereichernder Nachmittag, gefüllt mit Schnipseln von echtem Leben. Es ist nicht das erste Mal, dass ich denke, wenn diese Frau ein Mann wäre – wow, in die könnte ich mich verknallen. Ich fand Chrissie mutig, smart und bewundernswert. Aber es bleibt dabei: Letztendlich finde ich, dass Sex spannender mit einem Mann ist, weil es eben diese Andersartigkeit des Körpers und des Charakters ist, die mich anzieht. Doch hätte ich eine lesbische Freundin, die Single ist, ich hätte ihr Christas Nummer sofort gegeben.

So sind wir Frauen. Wir teilen (mit)!

Ich lieb dich, ich lieb dich nicht

Das Witzige ist, seit ich mit dem Online-Blödsinn angefangen habe, schießt so etwas wie eine romantische Parallelwelt aus dem Boden wie frühreife Pilze. Und die findet außerhalb des Netzes statt. Als ob ich mich versteckt gehalten oder ein Flirtbazillus die fünfundvierzig bis sechzigjährigen Männer befallen hätte und ich das perfekte Opfer bin, werde ich neuerdings angeguckt und angemacht wie in New York. Vielleicht ist es wirklich ein Naturgesetz, dass immer alles auf einmal kommt oder, wie es im Englischen heißt: »When it rains, it pours!« (Wenn es regnet, dann gießt es!)

Ich hatte mich mit einem Peter bei einer Foto-Galerie-Eröffnung verabredet. Der ideale Ort, finde ich, denn sollte das Date langweilig sein, dann gibt es immer noch Kunst, und wenn die langweilig ist, wie leider oft der Fall, dann gibt es immer noch Leute, mit denen man quatschen kann.

Peter und ich waren uns über das Thema Schokolade nähergekommen.

Erst hatte er mir gemailt: »Du siehst interessant aus.«

Ich daraufhin: »Ja, und?«

Und dann entwickelte sich eine recht witzige Unterhaltung, bei der irgendwie herauskam, dass sein Großvater der Direktor einer Schokoladenfabrik gewesen war, an der ich bis zur vierten Klasse auf meinem Schulweg vorbeigehen musste. Es roch immer herrlich, und wir Kinder blieben stehen und schnupperten. Wohl in der Hoffnung, dass ein freundlicher Gönner mit einer Schubkarre aus der Fabrik rollen und uns vernaschten Gören stapelweise Schokoladentafeln zustecken würde. Das passierte aber nie.

Ich mochte Peter sofort noch lieber, denn alles, was uns aus der Kindheit vertraut ist, ruft scheinbar sehr positive Gefühle hervor. Er war sechsundfünfzig Jahre alt und hatte immer noch mit Schokolade zu tun, allerdings als Exporteur.

Wir telefonierten, und er war lustig und wollte mich gern mit Schokolade überziehen (und wahrscheinlich ablecken). Es hörte sich überhaupt nicht pervers, sondern verspielt an, und ich hatte auch etwas auf die Bemerkung hingearbeitet. Er sah auf dem Foto ein bisschen aus wie ein Bürokrat mit einer blühenden Fantasie. Vielleicht würde es ein vergnügter Abend werden.

Der Peter, der kommt, ist kleiner (schon wieder!) als angegeben, hat Haare mit echtem rötlichem Stich und trägt ein Tweedjackett, eine gelbe Wollweste und eine Fliege! Irgendwie passt er in einen Harry-Potter-Film. Er ist tatsächlich recht lebendig und wir unterhalten uns über die Fotos (Amerika in den frühen Sechzigerjahren).

Aus den Augenwinkeln bemerke ich einen Mann, der mich schon zweimal angeguckt hat. Graue Haare, interessantes, etwas verlebtes Gesicht, sehr nettes Lachen, prüfende Augen. Als Peter schon wieder einen Wein holt, gucke ich wie zufällig in seine Richtung, und er kommt wie zufällig näher – ein nettes Spiel.

Nach zwei Sätzen über das klassische Kennedy-Attentat-Foto und darüber, wo wir waren, als es passierte, fragt er: »Bist du allein hier?«

Ich nicke, sage aber: »Ich bin mit einem Bekannten gekommen.«

Nie im Leben würde ich zugeben, dass ich mit einem Blind-Online-Date da bin. Also immer noch die kleine Spießerin.

Ich hatte mir gerade eingeredet, dass Peter soo schlecht ja nicht sei, er könnte ja reich sein und mein persönlicher Förderer werden. Aber das mit der Anziehungskraft geht blitzschnell, und nun stehe ich da mit diesem Philipp, so heißt er, und bin kurz davor, mir neckisch durchs Haar zu fahren und das noch nicht aufgebrauchte Potenzial für ein erotisches Lächeln zusammenzukratzen.

So ein Benehmen passiert wie auf Knopfdruck, wenn man an einem Mann interessiert ist. Kennen wir nicht alle Situationen, in denen ansonsten vernünftige Frauen nicht wiederzuerkennen sind, nur weil ein Mann die Szene betritt? Ihre Stimme ist lauter und Oktaven höher, ihre Körperhaltung straffer. Und wir als Freundinnen wollen sie dann immer gern kicken oder auf den Mond schießen.

Philipp ist sehr, sehr nett, ein bisschen kompakt, das ist dezent ausgedrückt, mit keineswegs zartgliedrigen Händen, die zupacken können, einem entwaffnenden Lachen, etwas dröhnend vielleicht, aber irgendwie sitzt der Schalk in den mit vielen Fältchen gesäumten dunkelblauen Augen. Das einzige Problem ist die Cordjacke in olivgrün, die altmodischen hellbraunen Halbschuhe lassen wir mal durchgehen …

Wenn man jemanden spontan mag, dann ist es, als wenn eine Tür aufgeht, finde ich. Und man möchte gern durchgehen, bis zur nächsten Tür und wieder der nächsten und immer weiter, bis man ans Herz oder die Seele kommt oder wie man das nennen mag, das sich wie ein Zuhause anfühlt, in das man dann eintreten darf.

Ich würde wirklich gern das Gesetz der Attraktion erklären und auch ergründen, aber wie alles zwischen Männern und Frauen ist und bleibt rätselhaft, warum es *der* sein muss und nicht der andere. *Das* ändert sich auch im Alter nicht.

Natürlich haben Soziologen und Hirnforscher das Phänomen der Liebe und Sexualität längst geklärt. Wir haben weniger Einfluss darauf, als wir uns oft einbilden. Während wir sehr wohl die Kraft und die Intelligenz haben, aus verhängnisvollen Beziehungen auszubrechen, die uns einmal als der Himmel auf Erden erschienen, so können wir die geheimnisvolle Chemie, die dazu führt, dass wir stottern, rot werden, mit unseren Haaren spielen, dieses überdrehte Gelache haben (auch mit sechzig!), das nur Frauen haben, die an einem Mann interessiert sind, weder ergründen noch steuern. Wir können nur schnell wegrennen, wenn der Falsche kommt.

Nur, wer zum Teufel ist der Falsche? Klar, ein ungehobelter, intoleranter, saufender Rassist ist nicht schwer auszumachen, aber was ist mit den Grenzfällen? Der herzliche Mann mit Charme und guten Manieren, witzig, wohlhabend und charakterfest, warum darf er nicht der Richtige sein und wird weggeschickt? Und warum darf der rücksichtslose, unzuverlässige aber teuflisch sexy *bad boy* unter unsere Haut und ins Bett kriechen und dort Chaos anrichten?

Philipp wirkt zwar nicht wie ein *bad boy*, bei dem die Alarmlampen angehen sollten, aber er hat eine sexuell verschlingende Aura, die erotisierend ist. Er ist ein Jahr jünger, geschieden (wer nicht?), hat zwei fast erwachsene Kinder und arbeitet in der Kunstszene als Organisator.

Unsere Augen klicken ineinander ein wie Schlüssel und Schloss, und wir vertiefen uns in eine Unterhaltung, bei der wir scheinbar die anderen vergessen.

Auch Peter, der kommt und mich abholen will.

Mir ist alles egal.

»Ich habe einen alten Freund getroffen und möchte jetzt hier nicht weg«, lüge ich und zwinkere Philipp zu wie jemand in einem neckischen Werbespot.

Peter gefällt das nicht, aber er trollt sich.

Philipp legt den Arm um meine Taille, zieht mich zu sich und raunt: »Bei dir muss man ja aufpassen.«

Ich nicke. Mir gefällt das alles sehr. Wir flirten weiter, und ich denke: »Was mache ich jetzt bloß mit ihm?«

Wir haben zwei Gläser Wein getrunken, es ist noch nicht mal neun. Plötzlich beugt er sich vor und küsst mich auf den Mund. Vor allen Leuten. Nicht lange, so wie im Film, aber fest genug, um zu merken, dass er sehr gern küsst und wirklich weiß, wie man es macht.

Ich bin verblüfft und geschmeichelt und sage nur »Hey!« und schiebe ihn weg.

Wir müssen ins Kino, finde ich plötzlich, das ist der ideale Platz für eine altmodische Annäherung, obwohl ich ja gerade das im Moment abzuwenden scheine. Ich will wissen, was mit uns im Dunkeln passiert, wenn wir nebeneinandersitzen. Es ist einige Jahre her, dass ich mit einem aufregenden Typen im Kino war. Es gibt sicherlich einen alten Film irgendwo zur Spätvorstellung.

Ach, Kino, Jungs und erste Annäherungsversuche, was war das für ein komplexes Unterfangen, und die offizielle Vorstufe zum Knutschen im Auto. Jedes Mädchen wusste, wenn ein Junge mit ihr ins Kino gehen wollte, hieß das: letzte Reihe, Grabbeln, Kichern und, wenn er Glück hatte, Knutschen, während auf der Leinwand Krimi, Lustspiel oder Western abspulte. Was wirklich egal war, denn auch nur seine Hand sachte auf dem Schenkel zu fühlen oder seinen Arm auf der Rückenlehne zu wissen war spannender. Gut für Schüchterne war daran, dass man tun konnte, als würde man es nicht merken – ganze zwei Stunden lang (mit Vorfilm, den es früher immer gab). Ganz, ganz forsche und erwachsene Mädchen wagten dann den vorsichtigen Griff ans Glied; man konnte das im flackernden Licht sehen, denn die ganze letzte Reihe war scheinbar exklusiv für Pärchen reserviert. Natürlich ist der romantische Bedarf an letzten Reihen im Kino stark zurückgegangen, schon allein deshalb, weil öffentliche Liebesbeweise weder geheim gehalten werden müssen noch Empörung provozieren. Heute kann man Sex in der U-Bahn haben und keiner guckt.

Philipp gefällt die Idee, und wir machen uns auf den Weg ins Kino. Es gibt leider nur *Der Pate 2*, zu lang, zu laut, zu brutal.

Wir gehen trotzdem rein, setzen uns natürlich nicht in die letzte Reihe, aber kaum wird es dunkel, nimmt er meine Hand. Dann streichelt er sie, dann gleiten seine Fingerspitzen über die Handfläche, weiter über den Puls bis zur Armbeuge. Wie schön, dass meine Arme unbedeckt sind. Ein göttliches Gefühl, der Mann ist sinnlich. Endlich ein Volltreffer, Cordjacke hin oder her.

Unsere Finger verhaken sich und spielen miteinander, und ich finde es ziemlich aufregend, rutsche tiefer in den Sitz und habe schmutzige Gedanken. Schade, dass ich keinen Rock anhabe … Mein Hirn arbeitet fieberhaft, während Marlon Brando vorne nuschelt. Soll ich Philipp mit nach Hause nehmen? (Er wohnt viel zu weit weg.)

Er drückt meinen Arm, küsst mich aufs Ohr und flüstert, als könne er Gedanken lesen: »Wollen wir gehen?«

Ich nicke, die Corleones sind zu blutrünstig für meine sexualisierten Gedanken.

Im Auto sagt er sofort: »Fahren wir zu dir? Hast du Lust? Natürlich nur auf einen Kaffee!« Er lächelt gespielt arglos in die aufgeladene Spannung hinein.

»Natürlich«, sage ich, »nichts liebe ich mehr, als nachts Kaffee zu trinken. Am liebsten nackt.«

Er lacht. Ich habe ein dumpfes Gefühl der Angst, das ich mit dem albernen Geplänkel überspiele.

Was wird passieren? Werde ich es mögen? Bitte, lass es mich mögen!

Geht es denn je um irgendetwas anderes? Es geht nicht nur um Befriedigung, es geht um das Prinzip Hoffnung und die Chance zum Glück. Wir sind süchtig nach Glück und möchten es am Leben erhalten. Für immer. Bis wir tot sind.

Wie sieht die Wohnung aus? Habe ich mein Bett gemacht, ist das blöde Gleitgel, das auch schon Jahre alt ist, greifbar? Gut, dass ich keine Sexmagazine am Bett liegen habe, die meinen sexuellen Notstand verraten, wie es sicherlich bei einigen Herren der Fall ist. Die Gedanken sind sofort aus meinem Kopf verschwunden.

Sobald wir bei mir sind, geht alles ganz schnell, genau so, wie ich es mag, denn verrückt wie ich bin, neige ich immer dazu, alles zu verkomplizieren, wenn ich zu viel Zeit habe.

Erst kommt das Küssen. Er fängt damit an, sehr leidenschaftlich. Wir küssen uns viel. Und wir lachen. Lippe auf Lippe, während die Lust steigt. Ich bin begeistert, endlich mal einer, der Küssen kann und vor allem will.

Ich bin ja ein großer Kussfan, aber leider haben nur wenige diese so subtil erregende Kunst gelernt, genauso wenig wie das Flirten. Zwei Drittel aller Frauen gaben in einer

Umfrage an, dass ein Mann gut küssen muss. Und oft. Und eben an Qualität sowie auch Quantität hapert es scheinbar, denn jeder Dritte (inklusive Männer) kann sich nicht mehr an seinen letzten Kuss erinnern, behauptet Partnerbörse Elite.

Was im starken Gegensatz zur Tatsache steht, dass sich praktisch jeder an seinen *ersten* Kuss erinnert. Ich bin in den letzten fünf Monaten ein paarmal geküsst worden – von Fremden und Freunden – *und* erinnere mich daran. Nicht schlecht für eine ältere Dame, oder?

Meine Wohnung ist klein, und das ist sehr günstig, denn ohne große Umschweife liegen wir schnell flach auf dem Bett, und unsere Körper arrangieren sich von selbst in harmonische Positionen. Die störende Klippe von Cremes und Kondom wird kaum wahrnehmbar umschifft.

Das Gewicht von einem kräftigen männlichen Mann bringt Urgefühle von natürlicher Hingabe hoch, finde ich, kein Kampf ist nötig, fließende Bewegungen entstehen.

Sex ist, als ob man tanzend Barrieren einreißt, man besinnt sich auf Austausch, Auflösung und Transzendenz – ein schöner Moment.

Wir liegen danach atemlos und sicherlich etwas überrascht da, sichtlich zufrieden. Doch dann steht er vom Bett auf und geht kurz raus, ich blicke ihm nach und denke, dass er noch einen ziemlich flotten Arsch hat. Besonders in dem gedimmten Licht. Der absolute Wahnsinn ist aber, und das fällt mir erst jetzt auf, er ist der erste Mann über fünfzig, mit dem ich im Bett bin!

Ich kuschele mich tiefer in die Kissen und ziehe die Bettdecke unter meine Nase, schnuppere und lächle, während ich mich recke. Ich weiß nicht, warum man das macht, denn ich glaube nicht, dass ich die Einzige bin, die dazu neigt. Es ist sicherlich dieser Geruch von Haut, Schweiß, Sperma, Parfum, anderen Duftnoten und allem, was dazugehört.

Wie wenig sich Bettszenen ändern, wie wenig wir uns ändern! Ich glaube, Bewegungen bleiben stets gleich. Wir umarmen auf eine gewisse Art, wir küssen auf eine bestimmte Art, die halb erlernt ist und halb aus unseren ganz persönlichen Tiefen kommt – unser intuitiver körperlicher Weg, um mit der Welt zu kommunizieren und sich mit den Menschen zu verbinden. Dazu kommt natürlich, wie wir aufgewachsen und erzogen worden sind, wie zärtlich und offen unsere Eltern waren und der Grad unseres individuellen Temperaments.

Philipp kommt zurück. Mein Lächeln erstarrt, er hat eine Schachtel Zigaretten in der Hand! Es gibt sicherlich wenige passionierte Nichtraucherinnen unter der Sonne, die sich mehr über Raucher aufregen als ich, sie kaum in die Wohnung und schon gar nicht dort rauchen lassen. Dort, wo wir uns getroffen hatten, durfte nicht geraucht werden, und er hat es wohl ohne Zigaretten ausgehalten.

Obwohl, ich hatte schon ein klein bisschen Rauch an ihm gerochen, wollte aber nichts sagen, um mich nicht um ein erotisches Abenteuer zu bringen.

»Sorry, hier wird nicht geraucht, tut mir leid«, erkläre ich ihm, und sofort verändert sich die Stimmung. Ein feindlicher Luftzug weht durchs Zimmer.

Raucher sind irrationale Süchtige mit narzisstischen Störungen, die absurde Rechtfertigungen für ihre Sucht haben, wovon »Ich rauche gern« die aberwitzigste ist.

Ich hoffe, dass ich mich jetzt nicht mit Philipp in einer Raucherdebatte verheddere.

Er zieht seine Hose an und verlässt das Schlafzimmer mit der Frage: »Kann ich auf dem Balkon rauchen?«

Ich nicke nur und weiß, dass die Nacht gelaufen ist, wenn nicht ein Wunder in Form von Gutwilligkeit und Diplomatie passiert. Mir kommt das alles sehr bekannt vor.

Das ist wohl so: Wenn man sechzig ist, dann erinnert jeder Mann einen unweigerlich an einen anderen, den man irgendwo und irgendwann in seinem Leben gekannt, geliebt oder vielleicht gehasst hat. Durch Gesten, Stimmlagen, Gesichtsausdruck und vor allem durch all die Storys, Ausreden, ihren netten und auch weniger netten Ticks.

Keiner hat die Chance, frisch angesehen und ohne Vorurteile akzeptiert zu werden und völlig unbelastet in dein unschuldiges Leben zu spazieren. Und natürlich umgekehrt genauso. Der Ballast, der nach so vielen Jahren der einstigen Naivität den Schuss Zynismus verpasst hat, ist nicht so leicht wegzuschieben.

Es ist nicht einfach, einen fremden Menschen vollkommen zu mögen und zu akzeptieren. Es gibt viele Hindernisse auf diesem Weg zur Toleranz, der eigentlich weniger dornig und hindernisreich sein sollte.

Ich kann nicht mit einem Raucher zusammen sein, so viel weiß ich. Ich liebe meine Gesundheit und finde Menschen mit schädlichen Angewohnheiten – ja, eigentlich charakterschwach. Man raucht und säuft einfach mit sechzig nicht mehr, genauso wie man keine Karottenhosen trägt oder sich groteske schwarze Tätowierungen auf die Arme machen lässt.

Als ich sechsunddreißig war und mich Hals über Kopf verliebte, sah ich zwei Monate darüber hinweg, dass der Traummann den Morgen mit einer Zigarette in der Hand begann, die er aus dem Fenster hielt. (Bei mir in der Wohnung!) Das Gute war, dass es ihn selbst nervte.

Ich sagte zwar nicht, Nikotin oder Sex, entscheide dich, aber meinte so was in der Richtung.

Er hörte von heute auf morgen auf. *Cold turkey.* Und sagte mir immer, dass er mir ewig dafür dankbar war, auch wenn er sonst unter mir gelitten habe.

Ich glaube, Philipp ist weder dankbar noch denkt er daran, das Rauchen aufzugeben. Nikotin, du Feind meines Sexlebens! Verdammte Zigarettenindustrie!

Er kommt aber noch mal ins Bett, nimmt mich in den Arm, guckt mir in die Augen und sagt: »Du wirst dich daran gewöhnen müssen, dass Menschen Sachen tun, die du nicht magst.«

Stimmt.

Aber ist das möglich? Die Obsession, sich absolut und unter keinen Umständen mit einem weniger als perfekten Traummann zufriedenzugeben, ist relativ neu. Philipp und ich sind beide Zeitgenossen der Emanzipation, und die hat uns Wichtiges und Großes beschert und ermöglicht, aber auch das konventionelle Glücksstreben erschwert und einen kräftigen Riss in romantischen Bildern hinterlassen. Auf beiden Seiten.

Nichts war mehr eingegrenzt, die bekannten Richtlinien, ja auch eine Stütze, wurden zum Hindernis, weil nicht nur die Gehälter, sondern auch die Ansprüche der Frauen irrsinnig gestiegen waren. Aber noch wichtiger war die Erkenntnis, dass nicht irgendein Mann, nur weil er Mann und daher eine natürliche Kostbarkeit war, eine Hauptrolle übernehmen konnte. Dadurch ist auch das Konzept Mann ein anderes geworden. Er ist ein bisschen entmythologisiert worden, längst nicht mehr das Sonnensystem, um das die kleinen

Frauenplaneten kreisen. Ich glaube, jeder Mann, der mit einer selbstbewussten Frau zusammen ist, spürt das.

Tja, Philipp, so ist das. Was machen wir nun?

Er muss nach Hause, sammelt seine Klamotten vom Boden auf, zieht sich an, nimmt die Cordjacke und verabschiedet sich mit einem festen Kuss.

Ich bleibe allein zurück. Ein bisschen traurig und ein bisschen einsam.

Und nun?

So kurz, so schön, so vorbei? Nicht schon wieder! Ich hätte mich gern noch mit ihm im Bett unterhalten, ineinander verschlungen, mein Kopf an seiner Brust – und all die intimen kleinen Geschichten ausgetauscht, die man nur im Bett erzählt, wenn glücklicher Sex all die Ängste und Barrieren etwas aufgelöst hat und die Gesichter endlich so natürlich und schön aussehen, wie sie vorgesehen sind.

Liebe & Sex –
gestern, heute, morgen

Wie wir mit Liebe und Sex umgehen, hat etwas mit der Sozialisierung zu tun und welche Ära uns geprägt hat. Die Generation, zu der Philipp und ich gehören, die in den späten Sechzigerjahren mit ihrem Sexleben anfing, hatte das große Glück, die sogenannte sexuelle Revolution mitzuerfinden und auszuleben und so ins Bewusstsein der geschockten und angepassten Bürger zu torpedieren.

Fröhlich vögelnde junge Leute in bunter Kleidung und freizügiger Haltung wollten – mit Recht – Muttis und Vatis verklemmten und mit Gardinen verdunkelten Schlafzimmer-Spießersex ein für alle Mal einmotten. *All You Need Is Love* war die Hymne der Dekade, aber *All You Need Is Sex* wäre genauso passend gewesen.

Was wirklich schön war: Wir entdeckten echten, frischen Sex, frei von muffigen Moralvorstellungen, Sex, der Spaß machte, der uns den neuen jungen Männern, die es parallel zu den neuen jungen Frauen gab, näherbrachte. Und gleichzeitig Stoff für vorher nie gehabte Diskussionen über die Rolle der Frau war. Spaß an Sex zu haben und offen darüber zu reden normalisierte ihn und bestätigte die neue Freiheit.

Als ich sechzehn war, also am Anfang des bewussten Flirtstadiums stand, hätte ich niemals gewagt, einen Jungen oder Mann in einer flirtigen Art direkt anzusprechen.

Der erste Kuss von einem Jungen in meiner Klasse – gegen meinen Willen stürmisch auf meine Lippen gedrückt, während wir auf einer Klassenreise in einer Jugendherberge waren und zu sechst einen Spaziergang im Wald machen durften – war doof, fand ich. Ich machte mich empört los und schubste Peter weg, der sehr draufgängerisch und blond war. Er lachte frech. Ich errötete. Wir waren beide dreizehn.

Da er mir in der Klasse gegenübersaß, hatte ich allerdings Zeit genug gehabt, meine ersten unbewussten Flirtversuche an ihm zu praktizieren. Ich war auf einer Ebene recht kokett und eine intuitive Flirterin. Das hatte sicherlich damit zu tun, dass ich eine schöne Mutter hatte, die ihren Charme dazu benutzte, alle – vom Postboten und Straßenbahnschaffner bis zu den Kollegen meines Vaters – einzuwickeln und dabei ganz naiv zu tun.

Mit siebzehn hatte ich dann meine erste richtige Knutschorgie, und wie so oft im Leben kam Verwandtschaft zur Hilfe. Ich hatte einen schnuckeligen Cousin, der drei Jahre älter war und der einzige Junge in der Familie. Er wohnte in einem sehr großen gastlichen Haus und hatte viele Schulkameraden, die gern zu Besuch kamen.

Ich auch, denn Ingo war oft dort, und der hatte so ein offenes, pfiffiges Grinsen – das Wort sexy benutzte man 1963 nur für Marilyn Monroe, ganz sicher nicht für Jungs von zwanzig Jahren.

Ich befand mich in dem Stadium von Erfahrungshunger, das eine nahezu wissenschaftliche Komponente hatte. Hier gab es etwas zu lernen.

Und so drückten wir uns eines sonnigen Nachmittags auf der Couch im Zimmer meines Cousins herum und fielen plötzlich wild küssend übereinander her. Ich weiß nicht mehr, ob ich feuchte, suchende Lippen und Zungen so richtig aufregend fand, aber ich entwickelte einen verspielten Enthusiasmus bei dieser leicht albernen Tätigkeit, sog heftig an seinen Lippen und biss auch mal rein. Ja, und dann fing das »Grabbeln« an – ich sah es kommen.

Ingo hatte seine Hände überall, besonders da, wo sie nicht hingehörten, auf den Schenkeln, auf dem Busen, der Gott sei Dank von einem BH geschützt war. Und da fing dann der Klassiker an, sozusagen der erste Schritt in die weibliche Welt der Sexualität, den jede junge Frau aus diesen Jahren kennt: der männliche Kampf mit dem vertrackten BH. So, als wäre er die letzte Festung vor dem Fall, verteidigte ich meinen gesteppten rosa Büstenhalter, an dessen hakigem Rückenverschluss Ingo mit einer Hand wild herumfummelte.

»Lass das«, sagte ich ein paarmal pflichtschuldig und schob die andere Hand aus dem BH-Körbchen.

Ich glaube, ich haute ihm sogar auf die Finger, denn hier lauerte Gefahr für meine Unschuld. (Später lernte ich, dass die ganz geübten Jungs die BHs mit nur einer einzigen Fingerbewegung flink aufkriegten.)

Nach einem verschwitzen Kleinkampf ließ er von meinem Busen ab und stürzte sich auf meinen Hals, an dessen zarter weißer Haut er kräftig herumlutschte. Ich trug die resultierenden rotvioletten Knutschflecken wie eine wertvolle Markierung und dem Stolz einer erfahrenen Frau von Welt vor mir her.

Ich gehörte dazu, ich war begehrt worden!

Nur zu Hause trug ich tagelang einen Rollkragenpulli. Die neuen Kusslektionen trug ich schnell weiter.

Bei mir in der Schule war ein älterer, sehr erwachsen wirkender, leichenblasser Schüler mit einem schmalen verschlossenen Gesicht und einem sehr langen Kamelhaarmantel. Er sah interessant und gequält aus; ich mochte so was.

Ich kriegte ihn dazu, mich anzusprechen, und wir verabredeten uns bei ihm zu Hause, weil seine Eltern meistens verreist waren. Ich erschreckte ihn ein wenig mit meinen enthusiastischen Lippen und dem leidenschaftlichen Getue. Er schob mich von sich, wurde sehr ernst und erklärte, dass er nur eine Jungfrau heiraten würde.

Heiraten? Wie kam er denn darauf?

Ich ging enttäuscht und verwirrt nach Hause. Es dauerte dann noch gut drei Jahre – gefüllt mit sehnsuchtsvoller Erregung und Knutschen, Küssen, Grabbeln – nackt und angezogen –, bis ich den sexy, langhaarigen jungen Mann fand, mit dem alles magisch klappte, drogen- und alkoholfrei, zum Sound von den Beatles und *Rubber Soul*.

Hat je eine Generation mehr Glück gehabt beim Soundtrack ihrer Defloration?

Übrigens, ich weiß, wie naiv und rührend so ein unschuldiges Teenagerleben den heutigen sexuell aggressiven und angeblich coolen Teenies vorkommen muss. Ich las vor nicht langer Zeit irgendwo, dass Blowjobs auf dem Schulklo, nebenher ausgeführt wie Pinkeln, solche biederen Pausenbeschäftigungen wie lachend herumzustehen und Stullen zu essen ersetzt haben. Wie traurig, dass der Dienst am Mann so früh und so anstrengend anfängt. (Die Mädchen sind oft erst um die dreizehn! Das hat mich wirklich schockiert.)

Auf die Idee, mir ganz souverän den Penis eines Jungen zu schnappen und daran herumzulutschen, nur damit er mich mag, wäre ich damals nie gekommen. Heute eigentlich auch nicht.

Irgendwann fängt dann der Rückblick an, etwas sehnsüchtig und wehmütig vielleicht. Wie war ich als junge Frau? Was ist meine sexuelle Vergangenheit? Habe ich mich ausdrücken und ausleben können? Bin ich mir näher gekommen und den Männern meiner Träume? Konnte ich das Glück anpacken und festhalten?

Das Schönste war immer der Rausch, die Gier, die Freude und die Ungeduld.

Eigentlich hatte ich Angst vor Bindung und vor dem nackten Ausziehen der Seele; mein furchtsames Herz war im Weg, um eine wirklich intime Beziehung aufzubauen. Ich übersprang das jedoch und konzentrierte mich auf das blind machende Begehren und die Lust, die mir mein Körper diktierte.

»Du musst dich in diesen Strudel stürzen«, sagte er, »um darin auf wunderbare Weise unterzugehen.«

Ich erinnere mich noch, ich war bestimmt schon zwanzig, als ich Sex und pure Lust entdeckte und mit großem Erstaunen, ja zuerst auch einem gewissen Schrecken, feststellte, dass Sex nicht unbedingt mit Liebe zu tun hatte. Was so ein bisschen war, als ob man Federball ohne Schläger spielen könnte. Man musste also gar nicht die ganze Schachtel Pralinen kaufen, wenn man nur Lust auf eine hatte! Was für ein wunderbares Lustbefriedigungsprinzip, schnell, direkt, ohne große Verpflichtungen. Der Körper war nicht unbedingt nur Sitz der Seele, sondern scheinbar auch ein Instrument für alle möglichen Spielereien. Er hatte seine eigenen Ideen über Erregung und Hingabe.

Wenn ich etwas mit großer Sehnsucht zurücksehne, dann ist es diese köstliche Hingabe, das kurze Eintauchen in die Substanz des anderen. Das sind die einzigen Verschmelzungsfantasien, die ich liebe, die ich gelten lasse. Wem diese Überlegungen reichlich naiv und altmodisch vorkommen –

und das dürften wahrscheinlich Frauen unter vierzig sein –, kann sich das lustfeindliche verklemmte Klima nicht vorstellen, das bis Mitte der Sechzigerjahre herrschte.

Wir jungen Frauen hatten gelernt, dass wir als anständige Mädchen, also als Jungfrau, in die Ehe gehen sollten, denn Sex war nur in der Sicherheitskombination Liebe/Ehe erlaubt. Und dass dort, in der sündenfreien Zone, der Mann vollkommen die sexuelle Gestaltung übernahm und die Frau die willige Ausführende war. Wer auch immer der erste Mann war, der im Bett die zugegeben etwas ungelenke Frage »Wie war's für dich?« gestellt hat, der war ein Revolutionär und Frauenversteher.

Zumindest waren das die ersten bescheidenen Versuche, den Frauen ein erfülltes Sexleben zuzugestehen. Denn die Vorstellung, dass sexuelle Begierde wichtig, drängend und daher eine männliche Domäne sei, da Frauen von Natur aus passiv, anständig und etwas weniger lustbetont waren, schien zu bequem, um sie aufzugeben. So konnten Männer, die es im Bett nicht brachten, sich hinter der Erklärung verstecken, dass Frauen die Qualität von Sex nicht beurteilen könnten, da sie keine Expertinnen waren. Raffiniert, oder?

So läuft das heute nicht mehr. Ich bin mit einigen jungen Frauen befreundet und frage immer wieder nach, ob denn die sexuelle Revolution, die wir angefangen haben, weitergeführt wurde.

Doch, schon, meinen sie. Ganz, ganz wichtig sei, dass sich Frauen die unterwürfige Sex-Sklavin-Rolle abgewöhnt haben und stattdessen zur Lusttäterin geworden sind.

Aggressiv, wagemutig, bereit zuzugreifen, treiben sich die jungen Wölfinnen der Großstadt überall herum und nehmen sich ohne Scheu, wonach ihnen der Appetit steht.

Der Penis, einst als wertvolles Gut gehandelte Adelsware des Mannes, hat sich entgegen seines Rufs als ziemlich klein erwiesen und ist auf fassbare Durchschnittlichkeit geschrumpft. Frauen greifen nach ihm, wann sie Lust haben, und achten völlig egoistisch darauf (auch das ist eher neu), dass sie selber zum Orgasmus kommen. Jede ist sich selbst die Nächste, den Herrn der Lüste gibt es nicht mehr.

»Und die Romantik«, frage ich zaghaft, »wo bleibt die?« – »Ach, die bleibt schon noch. Wen man verliebt ist, ändert sich nicht wirklich grundlegend etwas, ist alles wie vor tausend Jahren«, wird mir erklärt.

Wie wahr.

Von der Unmöglichkeit zu lieben

»Müssen wir lieben?« Diese existenzielle Frage stelle ich mir in den letzten Jahren öfter, genauso wie Carrie Bradshaw aus *Sex And The City* und andere wirklich wichtige Philosophen.

Und wenn ja, wozu ist die Liebe gut?

Hilft sie bei der Hausarbeit, beim Kampf um den Job, beim Autofahren und dabei, Salatsoße herzustellen? Und vor allem beim Sex? *Nötig* ist sie nicht für Sex. Eine große Entdeckung in der Emanzipationsgeschichte war ja, dass Frauen genauso wie Männer mit jedem Sex haben können, den sie sexuell begehrenswert finden, ohne den Sexualpartner heiraten zu wollen, eine wertvolle Beziehung mit ihm zu haben oder ihn auch nur als wunderbaren Menschen zu sehen.

Allerdings, und das sagen die meisten Frauen, mehr Spaß bringt Sex schon, wenn man verliebt ist. Das ist wie das Sahnehäubchen auf einem sowieso schon sehr köstlichen Dessert. Aber Liebe kompliziert auch alles, und sei sie noch so schön, wertvoll, erhebend und glücksspendend. Gesucht wird sie trotzdem, mit Zähigkeit und die Nerven beruhigender Blindheit – und in den unmöglichsten Situationen.

Manche Frauen müssen einen Mann erst sehr gut kennenlernen, bevor sie sich verlieben, anderen wiederum pocht schnelles heißes Blut unter der Haut, und schon ein Blick, eine Bewegung, eine Berührung genügt und sie sind entflammt.

Obendrein gehört dazu die Willigkeit, sich kopflos in etwas zu stürzen, über dessen Ausgang man nicht nachdenkt.

So eine bin ich, und es hat mich über die Jahre hinweg einige Tränen und Wutanfälle gekostet – von Kopfschütteln über meine Wahl ganz zu schweigen.

Da war der arbeitslose Schauspieler, als ich achtundvierzig war. Ich erwähne aber das Alter nur, damit man sieht, dass auch erwachsene Frauen nicht gegen romantischen Blödsinn gefeit sind. Er war zweiundvierzig und hatte diese Unruhe und unterdrückte Rebellion in den Augen, die ich scheinbar so mag. Und einen guten Schuss Melancholie, die ich für ein Versprechen von irgendetwas Wunderbarem, Tiefem hielt. Wir waren sofort verliebt.

Oh, und er war verheiratet.

Das erwähnte er erst nach einer gemeinsamen Nacht, die zumindest bewies, dass ich selten falsch liege, was die sexuellen Talente von Männern betrifft. Eigentlich sind verheiratete Männer tabu, finde ich, aber es kann passieren.

Wir sahen uns jeden Tag, telefonierten dauernd, mein Herz klopfte nur bei dem Gedanken an ihn, ich schwärmte meinen Freundinnen von ihm vor. Sie wirkten abwartend und sagten wahrscheinlich hinter meinem Rücken: »Oh nee, nicht schon wieder!«

Nach genau einer Woche war die Luft raus und die Hitze weg, die große Liebe lag schlaff und kühl irgendwo in den Laken. Ich schüttelte sie hinaus und ihn gleich mit.

Er müsse sowieso zurück zu Frau und Kind, meinte er. Und ich war heilfroh und überlegte, wieso es der Mann mir so angetan hatte. Dann vergaß ich ihn vollkommen.

Auf die spöttische Frage: »Was macht eigentlich dein Schauspieler?«, antwortete ich aufrichtig: »Was für ein Schauspieler?«

Bis ich vor einem Jahr einen nicht besonders guten TV-Film sah und, bevor ich abschaltete, ganz kurz einen etwas korpulenten Herrn mit grauen Haaren erkannte, der den Ex-Ehemann der Heldin spielte. Eine Nebenrolle. Es war meine alte Flamme.

Ich musste sehr lachen. Er und ich – das kam mir jetzt sehr fremd vor. Aber das Gefühl damals, in genau dem Moment, das war echt gewesen. So echt wie mein Herzflattern, als ich Philipp gesehen hatte.

Aber ist es wirklich Liebe, nach der wir suchen? Oder ist diese Suche nicht doch vielleicht nur eine Form des sich Vergewisserns, dass wir nicht allein sind?

Im Partner sucht man vornehmlich sich selbst, behaupte ich. Die Sehnsucht nach Spiegelung und Akzeptanz ist so groß und auch das Mysterium der eigenen Existenz so überwältigend ungelöst, dass wir uns durch die Präsenz eines anderen sicherer und dem Geheimnis des Ichs näher fühlen.

Also sind wir alle nur eine emotionsgebundene Bande von Neurotikern, die hilf- und ahnungslos durchs Leben stolpern? Ich finde ja. Meistens. Und ich finde das spannend, wenn auch schmerzlich und sehr anstrengend.

Die Art, wie sich Begehren, Liebe und Fantasie mit der Realität arrangieren, ist faszinierend, denn sie scheint selbst den eindeutig zum Scheitern verurteilten Szenarien den Glanz der Hoffnung zu verleihen.

Als ich sechsundzwanzig war, lebte ich mit einem charismatischen, aber sehr schwierigen Musiker, den man heute bestimmt bipolar nennen würde. Die Beziehung war sehr kompliziert, leidenschaftlich und hochexplosiv, denn ich verwechselte wilden Streit mit eindeutigen Liebesbeweisen. Wir trennten uns nach zwei Jahren, aber die Liebe war nicht ganz erloschen. Wir landeten immer wieder mal im Bett, dann gab es Zank, und wir rasten erneut verletzt und empört in entgegengesetzte Richtungen. Der Schlussstrich musste viel entschiedener gezogen werden, fand ich und beendete jeden Kontakt.

Ein halbes Jahr später hörte ich, dass er für unbestimmte Zeit nach Mexiko gereist sei, und in mir wallte plötzlich eine solche Sehnsucht nach ihm und einer – ziemlich absurden – zweiten Chance für unsere Liebe auf, dass es mir den Atem verschlug.

Ich fand seine Anschrift heraus, schrieb ihm einen zehnseitigen, sehr herzzerreißenden Brief, der genauso gefühlsduselig beantwortet wurde, und reiste zur romantischen Wiedervereinigung nach Mexiko.

Kurz gesagt, das Wiedersehen war wunderbar und intensiv, der Frieden hielt drei Tage, aber wir reisten noch drei Wochen in dem sehr schönen und abenteuerlichen Land umher, in denen ich ihn täglich zum Teufel wünschte und bitter enttäuscht war, dass ich wieder auf den absurden Glauben an die Möglichkeit charakterlicher Änderungen hereingefallen war. Und auf die Vorstellung, dass die Liebe wiederbelebt werden kann wie ein Unfallopfer – weil sie alles übersteht und im gloriosen Finale siegt.

Wir haben eben alle unsere gerahmten Bilder von Liebe und ihrer Position im Leben im Kopf: als Erfüllung, Ergänzung, Ziel, Ausrede, Entschuldigung und Ausweg.

Der Weg zum Glück ist steinig

Ich sehe Liebe dieser Tage als Rarität. Selbst Aufregung ist schwerer zu finden als Stöckelschuhe mit nur fünf Zentimeter hohen Absätzen. Trotzdem mache ich weiter im Spiel mit Männerbekanntschaften.

Die Anmache ist freundlich, wenn auch nicht aufregend: »Dein Profil gefällt mir sehr, ich würde dich gern kennenlernen.«

Das Foto zeigt vier mittelalte Männer, die Jazz spielen. Einer davon, der große Schlanke mit dem Schnauz, ist Hans-Dieter. Der spielt freitags um einundzwanzig Uhr immer in einer Amateur-Dixieland-Band draußen bei Sasel Klarinette.

Ich hasse diesen fröhlichen Altherrenjazz, wie er schon in den frühen Sechzigerjahren von weißen Männern nachgespielt wurde und der nichts mit den amerikanischen Originalen zu tun hat. Ich sage nur: Chris Barber und Songs wie *Am Sonntag will mein Süßer mit mir segeln gehen.*

Und doch antworte ich Hans-Dieter, denn generell liebe ich Musiker, und Klarinette ist ein schönes Instrument, das geschickte Lippen braucht. (Oh, muss ich denn immer alles sexualisieren!)

Ich glänze per Mail etwas mit meinen Jazzkenntnissen, denn ich war schon in meinen Teenagerjahren Jazzfan gewesen – John Coltrane, Miles Davis, Billie Holiday und so.

Er ist beeindruckt und lädt mich zu einem Jazz-Brunch am Sonntag ein. Ich will es mir überlegen.

Warum nicht?

Gerade mit Musikveranstaltungen habe ich sehr schöne Überraschungen erlebt, wenn ich mich mal etwas anderem ausgesetzt habe als sonst. Auf diesem Wege habe ich afrikanische Bands, russische Frauenchöre und lettische Volkslieder entdeckt. Vielleicht sind die Herren ja gut. Woody Allen spielt auch jeden Sonntag in einem bekannten Restaurant in New York Klarinette in einer Band.

Hans-Dieter, der im Berufsleben (sein letztes Jahr!) Prokurist ist, freut sich und erzählt mir, wie er als Kind Blockflöte lernen musste, was er hasste, und dann als Sechzehnjähriger von einem Schulfreund mithilfe von alten Louis-Armstrong-Schellackplatten in die Welt des Jazz eingeführt wurde.

Das gefällt mir, denn auch bei uns zu Hause gab es alte Platten amerikanischen Ursprungs mit dem weißen Hund und dem Trichter, die sehr vorsichtig auf den Plattenspieler, der sich zusammen mit dem Radio in einem Teakholzmöbel auf vier schrägen Beinen befand, gelegt wurden und herrlich kratzten. Durch diesen Nostalgiebonus beflügelt, sage ich Hans-Dieter fest zu.

Aber auf dem Weg zum Jazz-Brunch passiert etwas, das man nur als Torschlusspanik bezeichnen kann. Die Vorstellung, in einer Vorortkneipe Dixieland-Jazz von mittelalten Herren hören zu müssen, versetzt mich in tiefe Trauer über mein verwirktes Leben. Etwas an diesem Szenario erscheint mir so absurd und weit weg, dass ich etwas sehr Spontanes tue – was mir sofort die beruhigende Sicherheit gibt, immer noch in meinem Leben wählen zu können. Ich steige aus der S-Bahn und nehme die nächste zurück nach Hause.

Kaum zu Hause wieder angekommen, lege ich hastig Jimi Hendrix in den CD-Spieler, nur um schnell Töne in meine Ohren zu kriegen, die mir vertraut sind und die ich liebe.

Ich weiß, ich bin ungerecht.

Ich weiß, ich urteile zu schnell.

Ich weiß, dass es wunderbare, nette, herzliche, prima Männer in meinem Alter gibt, die besser Klarinette, Blockflöte, Klavier, Geige und Gitarre spielen können als ich.

Ich weiß auch, ich sollte meine Idee von Abgrenzung und Anderssein abbauen und mich etwas mehr anpassen.

Aber wie?

»Bleib bloß so, wie du bist!«, ruft Sarah und verdreht die Augen, als ich ihr diesen seltsamen Fast-Ausflug in das kauzige Reich der Jazz-Aliens beschreibe, meine deplatzierten Gefühle dabei und diese Zweifel an der Richtigkeit meines mangelnden Spielvergnügens an diesen Dates.

»Nimm das nicht so ernst«, rät Karen mit einer wegwerfenden Handbewegung.

Und das ist wahrscheinlich ein guter Rat. Denn worum geht es eigentlich, wenn man Männer, ja überhaupt Menschen kennenlernt? Wohl kaum um eifrige Anpassung.

Ich bin sehr traurig über das Ende der Philipp-Episode. Was ist mein Beitrag zum Scheitern gewesen? Die nicht mehr reformierbare, nicht anpassungsfähige Junggesellin, die trotzdem noch sucht und hofft?

Ich hatte ein paar schwierige Freunde in meinem Leben gehabt – passend zu mir als schwieriger Frau. Besonders den letzten vor acht Jahren liebte ich sehr.

Er war launisch, er war supersexy und brillant, und als wir uns wieder einmal zankten und ich ihn beschuldigte, sich nicht zu mir zu bekennen, guckte er mich mit seinen Wolfsaugen an und sagte bissig: »Was willst du, ich bin Single und du bist Single. Wir leben bewusst allein. Das ist kein Zufall, oder?«

Nein, nicht nur.

Denn es ist immer wieder diese Zwiespältigkeit, die mich und sicher Abertausende von gleichgesinnten Frauen in die sehnsuchtsvolle Ecke drängt, wo das Gefühl eine Kleinmädchenstimme hat und wimmert: »Ich will nicht allein sein. Ich brauch jemanden, um mich gut zu fühlen.«

Und ja, ich finde, es ist schöner, Gefühle zu teilen, zu lachen, sich zu amüsieren, Zartheit und Zweifel, Aggression und Konflikte auszudrücken, echt und ehrlich zu sein.

Aber sonst? Den Mann auf der Bettkante um der Bettkante willen? Nein. Die Ära von ungleichen Verbindungen, in der nicht jeder zumindest einen Teil von dem kriegt, was er wirklich will, ist für immer beendet, finde ich. Der Preis ist zu hoch, der Artikel zu dürftig hergestellt.

Und der andere Preis? Der für die Unabhängigkeit? Ein bisschen Angst, ein bisschen Trauer, aber auch viel Freude, viele Freunde, und immer noch die Möglichkeit von Abenteuern.

Denn auch dieses ist die Wahrheit: Ich bin eine Abenteurerin. Ich will immer noch etwas. Irgendetwas Neues. Es gibt immer noch irgendwo ein Tabu, ein winzig kleines vielleicht nur, dass gebrochen werden muss.

Ist doch eine schöne Entwicklung. Von gebrochenen Herzen zu gebrochenen Tabus. Eine kleine Herausforderung.

»Du musst dir doch nichts beweisen«, sagt Sarah.

Ach doch, irgendwie schon. Dass ich lebe, dass ich mich immer weiterentwickele. Jetzt hat es nicht geklappt, mit diesem Mann.

Na und? Vielleicht später.

Wahrnehmungsstörungen

Leider hat mich Toni mit ins Kino genommen, um den besonders dürftigen Dating-Film *Er steht einfach nicht auf Dich* anzusehen. Diese jungen Frauen haben im Film und im Leben scheinbar immer Probleme mit dem schwer einzuschätzenden romantischen Interesse an ihnen. Sie glauben, er ist spitz wie Nachbars Lumpi, und warten auf seinen Anruf, der nicht kommt, während er nicht versteht, warum man reine Höflichkeit und den Satz »Ich melde mich« als Versprechen interpretieren kann. Hinterher bin ich ziemlich irritiert, denn mir kommt das irgendwie bekannt vor. Sollte ich etwa auch ab und zu derlei peinliche Blackouts und Wahrnehmungshemmungen in meinem Leben gehabt haben?

Ich erinnere mich noch an einen sehr aufregenden Abend mit einem Kameramann letztes Jahr, der überraschend in einer Kussorgie endete. Er musste aber noch am selben Abend nach München fliegen, und die Zeitbegrenzung dämmte ein klein wenig die Lust am Programm, auf das ich mich eigentlich gefreut hatte. Danach meldete er sich nicht mehr, das muss man sich mal vorstellen! Hatte ich irgendwas falsch verstanden? Was sollten die sexy Anmache und leidenschaftlichen Küsse? Ein weiterer Hinweis darauf, dass Männer und Frauen anscheinend wirklich nicht die gleiche Sprache sprechen …

Und schon war ich am Telefon mit Freundinnen und der Art empörter Unterhaltung, die meist mit folgendem Satz anfing: »Also, du glaubst nicht, was passiert ist …« Ich war so wütend und ratlos wie vor zehn, zwanzig, vierzig Jahren in der gleichen Situation.

Und jetzt stelle ich fest: Irgendwie funktioniert das im Internet natürlich auch nicht anders als im richtigen Leben. Er ruft nicht an, wann er es verspricht, er macht leere Versprechungen. Er erfindet Ausreden.

Die ultimative Beleidigung: Er tilgt dich von seiner Favoritenliste, einfach so, mit einem Klick. Futsch bist du, eine Erinnerung, ein Onlineporträt, ein Chatroomflirt, ein blinkender Briefumschlag im Dating-Café.

Du selber darfst das natürlich auch machen, und das ist natürlich sehr angenehm! Zack, sofort wird er bestraft und gelöscht.

Gäbe es doch eine Taste, die die lebendigen Deppen in Miniaturen verwandeln würde und in hohem Bogen durch die Internetsphäre katapultierte!

Und wer pflegt Opa?

Aber auch weniger dramatische Geschehnisse als die Tilgung aus der Datingliste eines mir unbekannten Mannes erinnern mich stets daran, dass die Sitten und Gebräuche der Männer uns Frauen rätselhaft sind.

Als ich kurz über die langweilige Parship-Seite surfe, lese ich von Paul, einem Projektleiter, der mir gefällt. (Was auch immer das für ein Beruf ist, er kommt sehr oft vor.) Er stellt sich nicht als nobler, einfühlsamer, bescheidener, selbstloser Frauenversteher vor, sondern scheint ein wortgewandter und humoriger Realist von neunundfünfzig zu sein. Statt seines Fotos hat er das Konterfei einer clownsartigen Comicstripfigur ins Netz gestellt.

Ich maile ihm: »Hallo Mr. Projektleiter, mir gefällt dein Foto! Entweder siehst du so sensationell gut aus, dass du die Frauen damit nicht sofort verunsichern willst, oder das ist ganz einfach ein Foto von dir. In diesem Fall möchte ich dich gern zum Eisessen treffen, weil ich dann meine Minnie-Maus-Maske aufsetzen kann.«

Doch dann mailt er zurück und fragt, ob ich die Geliebte vom genialen Autobauer Borgward sei. Dann versichert er, dass es absolut kein Foto von ihm gewesen sei (ach, wirklich?) und er auch nicht sensationell gut aussehen würde, sondern einfach kein aktuelles hätte. Beruflich habe er etwas mit Computern zu tun und wolle noch gern sagen, wie gut ich aussehe.

Ich antworte: »Ja, die Isabella ist nach mir gebaut worden – genau meine Formen. Erinnere mich als Kind, dass sehr schicke Damen das Auto fuhren ... mag tatsächlich Vintage-Autos sehr gern. Wie wär's mit einem Telefonat?«

Er antworte: »Sehr gern«, und gibt mir eine Handynummer. Ich rufe noch am selben Tag an, er antwortet mit einer sehr angenehmen, aber matten Stimme. Im Hintergrund sind viele Geräusche zu hören. Er sei im Krankenhaus, erklärt er, und könne nicht offen sprechen.

»O.k., mal was anderes«, denke ich und verspreche, wieder zu mailen. Was ich auch tue.

Er schreibt etwas von »sexy Stimme« und »interessant«, aber dabei bleibt es.

Ich antworte, da so konventionelle Sätze fehlen würden wie »Vielleicht können wir uns mal treffen«, würde ich annehmen, er sei zu krank für weiteres Interesse.

»Oh nein, im Gegenteil«, meint er, er könne es kaum abwarten.

Ich wünsche ihm gute Besserung, spreche die Hoffnung aus, dass die Schwestern wenigstens hübsch seien – so wie in Arztserien –, und bin froh, dass er wenigstens tippen kann, wundere mich aber, warum man als Kranker auf einer Dating-Seite angemeldet ist. Oder hat er vielleicht nur eine Krankheit erfunden, weil er Angst vor mir hat?

Nein!

Er ist Feuer und Flamme. Nur habe er gerade eine fünfstündige, lebensrettende OP überstanden und brauche ein bisschen Ruhe zur Rekonvaleszenz. Ich interessiere ihn sehr, und mir in die Augen zu schauen bedeute, die großen Gefühle zu haben. Er brauche nur etwas Zeit.

Inzwischen glaube ich, dass Mann solche Sprüche irgendwo herunterladen kann, denn es kann nicht sein, dass fremde

Männer plötzlich unaufgefordert von großen Gefühlen sprechen, wo sie im täglichen Leben nicht mal von kleinen sprechen können. Oder er liegt wirklich im Krankenhaus und ist mit Drogen vollgepumpt.

Ein paar spritzige Mails fliegen noch hin und her, wir verabreden uns fest, und ich beginne davon zu fantasieren, wie ich ihn zu Hause noch ein wenig pflegen würde: in einer unanständigen kleinen weißen Krankenschwesteruniform und Netzstrümpfen.

Nein, nicht wirklich, ich mag nur die alberne Vorstellung und habe das mal gemacht, als ich vierundzwanzig war und mein damaliger Freund mit hohem Fieber im Bett lag. Ich pinnte mir ein rotes Filzkreuz auf eine weiße Jacke, setzte statt Haube eine Matrosenmütze auf, zog Netzstrümpfe an, die bei mir zur Standardgarderobe gehörten, dazu rote Lackleder-Plateausohlenschuhe und amüsierte meinen Freund so sehr, dass er bald gesund wurde. Das war vor achtunddreißig Jahren!

Endlich haut mich die Realität um. Bin ich wahnsinnig geworden, überhaupt nur im Spaß an so etwas zu denken? Anstatt mich daran zu erinnern, dass wir alle jenseits der sechzig irgendwelche Zipperlein haben – selbst die fittesten und gesündesten von uns.

Eine Minute liegt man sich in den Armen – und schwupps, die nächste sitzt man auf dem Teppich, auf den er sich vor Erschöpfung gekniet hat, und massiert seine Schulter, oder man bewundert die neuen Stützstrümpfe und reicht ihm sein blutverdünnendes Mittel.

Das andere düstere Thema, wenn man tatsächlich erst im Alter zusammenkommt, ist die Angst vor dem Angekettetsein. Davor, dass man aus Anständigkeit einen Mann versorgen muss, obwohl die zusammen verbrachte Zeit keinesfalls genug tief empfundene Verpflichtung und aufopfernde Liebe produziert hat, um für den Rest der Tage Krankenschwester und Mutti zu spielen.

Denn Alter und Krankheit schlagen anscheinend immer ganz plötzlich und unversehens zu, das scheint umso schneller zu gehen, je mehr Jahre man auf dem Buckel hat. Was als dynamische sexy Affäre anfängt, wird dann ganz schnell zur Falle, aus der man nur noch herausmöchte.

So schrieb mir meine fünfundsechzigjährige Freundin aus Amerika gerade, dass sie mit ihrem zweiundsiebzigjährigen zeitweiligen Lover Schluss gemacht hat. Erstens, weil er von zu Hause ausgezogen ist (ja, er war verheiratet!) und sie Angst hat, dass er vor der Tür steht und sich bei ihr einnisten will. Zweitens, weil er zu alt ist.

Ich kenne einen Fall, in dem ein besonders attraktiver, viriler und gut situierter Mann von vierundsiebzig eine quirlige Französin von zweiundvierzig für sich gewann. Sie heirateten. Alles lief sehr gut, sie zogen in eine fabelhafte neue Wohnung, machten viel zusammen. Und plötzlich war er achtzig, dann fünfundachtzig, dann neunzig, sie erst Ende fünfzig. Alles veränderte sich. Er wurde ihr mit seiner Diabetes und den Prostataproblemen, besonders aber seiner Langsamkeit lästig. Sie fing an, ihn wie ein nervendes Kind zu behandeln, wurde gereizt, er schmollte, seine Kinder aus erster Ehe hassten die dominante Demoiselle und versuchten erfolglos zu intervenieren.

Und dann tat sie das Unglaubliche. Sie lieferte ihn im Altersheim ab!

Und da sitzt er heute noch, während sie Kulturprogramm und kleine schicke Reisen macht, zu flotten Frauenabenden geht und sicherlich, inzwischen auch über sechzig, in die Online-Dating-Szene schielt.

Dasselbe Problem gibt es wohl auch bei Frauen mit viel jüngeren Männern. Ich weiß nicht, was die jüngeren Männer über das Thema denken, wenn sie überhaupt darüber nachdenken, und ob sie dieselben Ängste haben.

Die Geschichten jedoch, wo ein sexy Fünfziger seine achtundsiebzigjährige Ehefrau oder Geliebte aufopfernd pflegt, sind hauptsächlich in Hollywood angesiedelt.

Die Farbe des Geldes

Ich habe scheinbar immer noch nichts dazugelernt, was meine Präferenzen angeht. Wenn ich Herren aussortiere, dann kicke ich sofort die raus, die auch nur einen Hauch von Bürgerlichkeit und Sicherheit ausstrahlen oder haben wollen. Reizworte sind: Gemütlichkeit, Zärtlichkeit, Ruhe, Treue, Verlässlichkeit. Dabei mag ich alle fünf Eigenschaften ganz gern – im richtigen Moment, bei den richtigen Leuten.

Aber ich kann die Rebellin in mir nicht verstummen lassen. Sie ist echt, wenn auch etwas töricht, sie war immer da, hat mich mit anspruchsvollen Träumen und noblen Idealen vollgequasselt und sich bei mir fest eingehängt, als Alter Ego, und will mich nicht loslassen, auch wenn ich sie manchmal abschütteln möchte.

Und nun kriege ich das nicht mehr weg – das Zweifeln, die Neugier, das Hinterfragen, das Kritisieren und leider eben auch das Misstrauen gegenüber allem, was geregelt ist und längst abgehakt wurde.

So ist es mir sehr wichtig, was jemand beruflich macht. Der Beruf ist eine freiwillige Wahl, die man trifft, also möchte man sich dort etwas verwirklichen. Wenn einer Anlagenberater bei der Bank ist, nehme ich an, ihm macht das Spaß, er interessiert sich für Geld und Zahlen, arbeitet gern für Profit und in einem beamtenähnlichen Rahmen. Sorry, mir ist das total fremd. Und sooo viel Fremdheit suche ich nun auch wieder nicht.

Nach vielen Monaten mit erfolglosen Treffen mit Männern, die zwar oft o.k. und auch nett waren, aber meinen Ansprüchen nicht genügten – leider muss ich es so ausdrücken –, werde ich immer abgestumpfter und desinteressierter. Der erste kleine Flash und die kleinen Highlights sind vorbei, so wie bei einem Drogenrausch oder einer ersten aufregenden Nacht mit einem sexy Typen.

Vielleicht kann man diese Sicht der Dinge, ganz ohne sanfte Tönung, einfach Realismus nennen. Und die Realität ist einfach nicht mehr zu ignorieren, finde ich.

Ich sollte umschalten und die ganze spielerische Sexy-Sixty-Nummer, so gut sie auch ankam, vergessen und mich meinen eigenen, wirklich dringenden Problemen stellen, die auch die Entwicklung der alternden Gesellschaft reflektieren. Nämlich dem Problem der doppelten Sicherheit, die man im Alter braucht.

Ich mache mich immer noch viel zu oft lustig über gewisse unkreative Berufe, rümpfe die Nase über sogenanntes Sicherheitsdenken. Aber ich muss mir einfach darüber im Klaren sein: Alles in allem gibt es im Alter über sechzig nun mal Angestellte wie Prokuristen, Bauleiter, Lehrer, Steuerberater, Juristen, Ingenieure und Manager satt. Alles sichere Berufe, die in mir einmal geradezu Schauer erzeugt haben.

Gab es etwas Spießigeres als Beamte? Ganz ehrlich finde ich das eigentlich immer noch, ohne es mir eigentlich leisten zu können.

Selbst das Wort »Rente« hat für mich einen geradezu obszönen Klang, und ich will es nicht hören oder in meinem Leben haben, möchte es wegschließen in einen Koffer, zusammen mit Klosterfrau Melissengeist, Corega Tabs, Romika-Schuhen (»Romika tragen – Wohlbehagen«) und Seniorenrabatten. Wir, der zukünftige Kukident-Clan! Horror!

Wäre es aber nicht beruhigend, wenn ich mit einem hochgestellten Beamten verheiratet wäre und eine schöne Rente kassieren könnte, wenn ich ihn überlebe, was wahrscheinlich ist, denn wir Frauen leben ja länger?

Und das ist auch kein hübsches Thema für mich und ein hässliches Wort: Altersversorgung. Es passt so gar nicht zu romantischen Gedanken von Spaß und Sex und schönen Reisen und Champagner am Strand von Goa.

Nicht sehr viele berufstätige Frauen aus meiner Generation haben einen lukrativen Wahnsinnsjob gehabt, der ihnen später ein Leben im Luxus beschert. Es sei denn, sie sind zudem Witwen, die großes Glück mit der Wahl eines wohlhabenden Ehemannes gehabt haben.

Viele Frauen werden irgendwie ihr Auskommen haben, bei ebenso vielen wird nach Scheidung, Ausbildung der Kinder und so weiter nicht sehr viel übrig bleiben.

Mit dem Alter nehmen die Ängste zu. Natürlich möchte ich die Hoffnung nicht aufgeben, dass ein König Kohle (Prince Charming reicht längst nicht mehr) mich von den Existenzängsten erlöst, und sollte mir einen wohlhabenden alleinstehenden Pensionär suchen, der eine fantastische Rente zu verjubeln hat. Mit mir.

Den Kampf gegen pralle fünfundzwanzigjährige *sugarbabys*, die *sugardaddys* suchen, gewinnt man allerdings als Fünfzig- oder gar Sechzig-plus-Frau so selten, wie einem ein lukrativer neuer Arbeitsvertrag angeboten wird.

Da müsste man schon eine pathetische Pin-up-Blondine wie Anna Nicole Smith sein, die sich einem immer noch erregbaren neunzigjährigen mehrfachen Millionär mit ihrem gut gepolsterten Arsch auf die dünnen Beinchen im Rollstuhl setzte.

Aber ein reicher Rolf aus Radebeul täte es auch, oder? Vergnügt sollte er sein, arglos, großzügig, nicht an Sex interessiert, aber mich mit der ganzen Leidenschaft eines Menschen, der in mir die wertvolle, liebenswerte Person sieht, die ich ja wirklich bin, lieben und mir nur das Allerbeste wünschen.

Ich würde ihm eine entzückende, bildhübsche junge Polin einstellen, die ihn betreut und ihm die Zeit angenehm vertreibt, und ich könnte mich meinen Gedanken und Schreibereien widmen. Und meinen Reisen, auf denen ich jeweils zwischen einem amerikanischen Rockstar, einem australischen Viehbaron und einem unglaublich charmanten italienischen Playboy, der aussieht wie Marcello Mastroianni, auswählen könnte.

»Ach komm, mach dir nichts vor. Du weißt, wie es ist mit den reichen Männern. Sind meistens Arschlöcher. Das klappt ganz, ganz selten«, weist mich Toni zurecht.

Sie liebt sowieso nur die kreativen, freiberuflichen Männer, und die haben meist kein Geld.

»Wir Frauen müssen das alles selbst klären mit der Kohle. *Unserer* selbst verdienten Kohle«, erkärt sie fest.

Leider hat sie recht. Trotzdem …

Haustier statt Mann

»Ich glaube, ich kaufe mir einen Hund. Oder vielleicht eine Katze«, sage ich zu Karen.

Nun ist es heraus. Das ist das Ende.

Ältere Frau und Tier. Hier kommen schon wieder die Ängste angerast: Die alte Frau auf der Parkbank, die Ratten, Tauben und Eichhörnchen füttert und kleine Pullis für streunende Pinscher strickt. Die schräg angezogene Frau mit den vier Katzen, aus deren Wohnung der Geruch nach Katzenklo dringt und die als wunderlich gilt. Sie ist eine bekannte Gestalt, und ich erinnere mich an meckernde, abgearbeitete Frauen mit verbissenen Gesichtern, die aus Fenstern gucken und »Ruhe« herausbrüllen, so wie früher in den Fünfzigerjahren, als wir in der Sandkiste spielten und Frau Bohnsack, Ellbogen auf ein Kissen gestützt, uns lauernd beobachtete, ob wir uns auch anständig benahmen.

Das war damals der ärmliche Typ aus dem Arbeitermilieu, meist Witwen, mit den gestopften Ellenbogen an der Strickjacke und den Laufmaschen in den blickdichten Strümpfen mit Naht, von denen es natürlich so kurz nach dem Krieg sehr viele gab – Kriegswitwen *und* Laufmaschen.

Die reichen alten einsamen Frauen, meist geschiedene Wirtschaftswunder-Gattinnen, waren in modernen Villen mit Pool gelandet. Hager oder übergewichtig, gebräunt vom ersten Adria-Urlaub, mit Gold behängt, einen schick getrimmten Pudel an der roten Leine, Krokotasche am Arm, stiegen sie aus der Borgward Isabella und verströmten den Geruch des lange nicht Berührtseins.

Amerikanische Studien haben herausgefunden (sie finden immer alles heraus), dass Einsamkeit die größte Bedrohung für jung und alt ist. Besonders für alt, klar.

Also, wenn ältere Leute einsam sind, kriegen sie einen höheren Blutdruck, rauchen mehr, trinken mehr Alkohol, bewegen sich weniger, werden also dick, unansehnlich und ungesund – das allein macht einfach älter. Aber Neurologen und Psychologen machen einen Unterschied zwischen einer gewissen gesunden Einsamkeit und der als Stress empfundenen Isolation.

Oh Gott, in welche Kategorie falle ich denn nun?

Ich finde ja, dass ich ein wenig unter dem Single-Steppenwölfin-Syndrom leide.

My Generation –
die Jungs von früher

Als ich mit einem leicht schnaufenden Jens, den ich nicht erwähnt habe, weil er so schrecklich war mit seinem dünnen Pferdeschwanz, dem Ohrring und dem ausgelaugten Hippiegequatsche, in einem Biergarten sitze, fällt mir siedend heiß etwas auf und ein, was ich entweder verdrängt habe oder mir nicht bewusst gewesen ist.

Er, der über Arthritis und schmerzhafte Zahnimplantate schimpft, irgendwas von Bandscheibenschaden murmelt und täglich zwei Pillen gegen zu hohen Blutdruck und was sonst nicht alles nimmt, gehört zu meiner eigenen Generation! Genauso wie ein großer Teil der Männer, die ich inzwischen getroffen habe.

Ich schlucke und denke: Das ist aus ihnen geworden? (Mich selbst nehme ich natürlich aus, typisch!)

Was für ein Schock!

Es ist nicht der körperliche Verfall, es ist das Gesamtbild, die Persönlichkeiten. Die meisten meiner wichtigsten Beziehungen der letzten fünfundvierzig Jahre haben mit sehr viel jüngeren Männern bestanden. Und jetzt werde ich plötzlich in das Universum der Männer meiner eigenen Generation gezogen, der Kriegs- und Nachkriegskinder – ein Universum, in dem ich mich lange nicht mehr bewegt habe. All die Haralds, Klaus-Dieters, Peters, Christians, Klause, Bernds, Heinos, Sigis, Werners, Horsts, Manfreds, Hermanns werden vor meinem geistigen Auge lebendig.

Ich sehe sie als freche Jungs, die uns Mädchen ärgerten, mit Krampen beschossen, an den Zöpfen zogen, uns die Bälle klauten und wegen der blöden Puppen auslachten. Sie trugen Sandalen, Lederhosen, Meckifrisuren, verrutschte Söckchen, Anoraks, Hemden mit Reißverschluss, schoben verbeulte Fahrräder vor sich her und sammelten Fußballbilder aus Zigarettenschachteln.

Wir Mädchen der Fünfzigerjahre waren wirklich niedlich mit unseren Zöpfen oder neumodischen Bubiköpfen, den bunten Baumwollkleidern und Hula-Hoop-Reifen, Springseilen und bunten Nylonbällen. Brav und frech zugleich, lernten wir uns gegen die Rüpel zu wehren, aber wir spielten Versteck und Völkerball mit ihnen und teilten gern Brausepulver und Salmis, Wundertüten und Prickel-Pit.

Wir gehörten zusammen, denn wir teilten etwas noch viel Wichtigeres: den Krieg. Egal ob wir vor, in oder nach dem Krieg geboren waren, er hatte den Menschen einen unverwechselbaren Stempel aufgedrückt und für ein paar Jahre alle Bevölkerungsschichten gleich gemacht. Vom Generaldirektor bis zum Arbeiter.

Auch wenn ich die meisten der Männer, die ich beim Dating getroffen habe, nicht besonders mochte – bis auf Philipp –, erkannte ich trotzdem, dass sie mir vertraut waren. Wir teilten eine sehr wichtige, ereignisreiche und uns für alle Ewigkeiten formende Kindheit in den Trümmern und der gloriosen Freiheit der Straße, wie sie nur Kinder haben, die den ständigen Einmischungen der Erwachsenen entfliehen konnten.

Als ich mich dann in die wunderbar enthusiastischen, idealistischen Wirren der Sechzigerjahre stürzte, waren aus ihnen die neuen Männer geworden, die süßesten von allen. Das androgyne Männerbild hatte endlich die erstarrten, kriegsgeschädigten, unsexy Typen der Vätergeneration, aber auch die unsicheren und eckigen Jungs aus der Konfirmationszeit verscheucht.

Jetzt hatten viele lange Locken, waren dünn, schön angezogen, mit oft hübschen, unschuldigen Gesichtern, die gut zu den idealistischen Gedanken von *Peace und Love* passten.

Ich habe immer gedacht, dass ich mich ganz speziell dieser Generation nahe fühlte, ganz automatisch. Man guckte sich an, lächelte sich zu wie alte Kameraden, die zusammen im Schützengraben waren, und musste gar nichts erklären.

Manchmal gilt das noch heute. Man weiß zumindest, was damals die großen Themen waren. Aufruhr. Demos. Rockkonzerte. Bauchfreie Jeans. Radikalenerlass. Benzinfreier Sonntag.

Natürlich war diese Zeit nicht für alle so wichtig wie für mich, aber fürchterliche Koteletten, ein bisschen längere Haare, ausgestellte Hosen und breite Popkrawatten hatten selbst die bravsten jungen Männer aus Itzehoe und Bad Reichenhall.

Nun wieder mit ihnen zusammenzutreffen hätte ja theoretisch sein können, als sei ich von einer Irrfahrt heimgekehrt und dort gelandet, wo ich hingehöre.

Aber nichts passiert automatisch. Auch das ist wichtig, das Differenzieren. Ich gehöre »dort« nicht hin. Denn eigentlich sind sie mir fremd, meine Zeitgenossen, weil ich mich ziemlich konsequent von bestimmten traditionellen Zielen entfernt habe.

Es ist sehr verführerisch, von interessanten Zeiten zu schwärmen, besonders wenn sie in die Jugend fallen und in diesem

Fall tatsächlich aufregend und so wegweisend waren wie die Sechzigerjahre. Doch gerade dann soll man dieser Zeit mit großer Freude nachwinken, nachdem man sich die besten Elemente herausgepickt hat.

Es ist ein bisschen wie mit Kindern, die das Elternhaus verlassen. Man liebt sie, man hat mit ihnen gelebt, hat sie beeinflusst und ist auch von ihnen geprägt worden, und dann lässt man sie gern ziehen, bereichert und glücklich. Alle sind erwachsen geworden, sollten es zumindest geworden sein. Sind sie aber nicht.

Leider ist der unvermeidbare Rainer Langhans, der sich heute immer noch in alle möglichen Magazine, Bücher und TV-Shows drängt, kein gutes Beispiel. Einst ein wirklich schlauer, niedlicher Lockenkopf mit runder Nickelbrille, ist aus ihm ein säuerlich wirkender graulockiger Apo-Opa geworden, der sich an den alten revolutionären Zeiten und Zellen festbeißt wie ein Terrier an einem Dachs. Und das sieht irgendwie nicht erfolgversprechend aus.

Und ich? Ich halte auch noch an einigen Idealen und Werten fest, die in den Sechzigerjahren gelebt und vertreten wurden, weil sie für mich aktuell sind.

Woran ich allerdings nicht mehr festhalte, ist die Vorstellung, dass ich eine alte Version der jungen Frau aus der WG bin.

Heute, nachdem ich mit vielen Gleichaltrigen Kontakt hatte, besonders nach den Treffen mit Heino, Günther und Dirk, erscheint es mir, als hätte ich in einen schrecklichen Zukunfts-Horror-Spiegel geschaut. Er zeigt mir, was mit einem passiert, wenn man mit über sechzig stehen geblieben ist, immer noch nicht loslassen kann oder nicht erwachsen geworden ist so wie Heino – oder aber bereits losgelassen *hat*, und zwar so, dass man zum schlaffen Abbild seines alten Selbsts geworden ist.

Allerdings, ich muss zugeben, erwachsen zu werden oder gar zu sein, richtig erwachsen – das ist das Schwerste der Welt, weil es Angst einflößt. Angst vor Verlust der frischen kindlichen Naivität und jugendlichen Energie, die man stets als Entschuldigung für Unerfahrenheit ins Feld führen kann, wenn man etwas besonders Dummes und Verantwortungsloses getan oder gesagt hat.

Ich überlege mir deshalb auch: Ist das eigentlich wirklich eine gute Kombination in diesem Alter, wenn beide gleichaltrig sind? Stellt sich da Harmonie ein, nachdem die Schlachten des jungen Erwachsenenlebens wie Ausbildung, Ehe, Familie, Karriere geschlagen sind und die Belohnungen des mittleren Alters wie Souveränität und Genussfähigkeit ausgelebt werden können?

Theoretisch ja, aber oft erscheinen mir solche Paarbeziehungen wie zwei Teile eines komplizierten Apparates, bei dem die Schnittflächen dauernd verrutscht sind.

Männer werden im Alter meist konservativer als Frauen. Wenn man jung ist, fällt das natürlich nicht so auf. Man ist einen Moment lang auf gleicher Höhe, das Liebesleben ist aufregend, viele Diskrepanzen werden verdeckt, man rudert ganz einfach in einem Boot und glaubt an das gemeinsame Ziel, das Zukunft heißt.

Aber mit zweiundsechzig merke ich, dass ich nicht mehr formbar bin. Meine Willigkeit lässt nach, Ansichten, Benehmen, Stile, Werte und Interessen zu tolerieren, die mir nicht passen.

Ja, ich bin eigen-willig, weil ich irgendwie endgültig bei mir selbst gelandet bin und keine männliche Vervollkommnung suche, nie gesucht habe.

Bei Männern ist es oft genau umgekehrt. Meist stark verunsichert, wenn eine Frau sie verlässt, und auch, wenn sie sie selber verlassen, treiben sie wie ein Blatt im Wind rat- und rastlos von einer Möglichkeit der Bindung zur nächsten.

Eine Umkehrung findet statt: Die einst bindungsunwilligen Männer wollen kuscheln (und klammern) und einen Hafen haben. Die einst nach Intimität lechzenden Frauen wollen endlich frei atmen.

Das ist sicher schon vielen älteren Frauen aufgefallen: Egal wo man hingeht, in Galerien, zu Lesungen, Kursen aller Art, ins Kino und so weiter, sind fast immer zwei Drittel der Besucher Frauen. Frauen sind neugierig, Männern fällt im Alter nicht mehr so viel ein – da helfen auch keine blutjungen Blondinen am Arm oder eine neue Harley unterm faltigen Hintern.

Die erfahrenen und gestandenen Frauen dagegen erfreuen sich an ihren neuen Entdeckungen. Sehr viele von uns erleben noch einmal eine ziemlich rebellische Phase, weil wir nichts mehr zu beweisen und nichts zu verlieren haben. Als ob die ganze Furchtlosigkeit, Frische und Unbestechlichkeit, die einem mit der Pubertät gewaltsam entwendet wurden, mit voller Kraft zurückkommen und diesen Verlust endlich wettmachen können.

Alles ist möglich – oder was?

Das Gefühl des »Alles ist möglich« – objektiv gesehen teilweise eine Lüge – ist eine sehr gesunde Philosophie, gerade
wenn man sich in einer der letzten Lebensetappen befindet.
Konfrontiert mit immer neuen Themen, die einen ziemlich
deprimieren könnten, aber nicht sollten.

Uns Älteren steht das Wissen zur Verfügung, dass jung
zu sein nie so schrecklich großartig war, wie immer behauptet wurde. Wer vermisst schon die Unsicherheit, den Kampf
um Identität, die Wirren der Liebe, die Irrwege auf der
Suche nach dem ewigen Glück?

Und genauso ist das Alter nicht so schlimm, wie manche
fürchten. Ein bisschen Glück kann immer noch auf unserer
Seite sein und uns Dinge nahe bringen, die wirklich interessant und relevant sind, die uns immer noch ein wenig formen und erhellen können.

Noch ist Zeit, durch Wärme und Toleranz einige einst
harsche Meinungen ein wenig zu besänftigen und Zunei-
gungen zu entwickeln, wo bisher keine waren. Ein wenig
Zeit, Risiken einzugehen. Vielleicht sogar noch ein wenig
Zeit, um genau die Dinge umzukehren, die dich zu dem gemacht haben, was du in keinem Fall hattest werden wollen,
als du jung warst.

Weil es Elemente gibt, die scheinbar durch nichts aus-
radiert werden können, egal wie düster die Aussichten sein

mögen: Hoffnung und Glaube, denn deren Macht ist kolossal.

Und plötzlich ist die Angst nicht mehr so groß.

Der Wille zum Träumen und Hoffen, zur Selbsttäuschung und Manipulation ist menschlich und wird uns immer bleiben. Träumen ist legitim. Aber es sollte nur in Episoden auftauchen und wie ein schöner Ausflug in eine formbare, perfekte Welt genossen werden. Träume wechseln mit dem Alter. Romantische Happy Ends, mit einem jugendlichen, verzehrenden Sehnen erhofft, mögen sich irgendwo in den Tiefen der weisen Seele verstecken, bei Romantikern bestimmt, aber sie sind weder Ziel noch Notwendigkeit.

Ich bin häufig sehr genervt gewesen bei der ganzen Datingsache, besonders online. Ich habe mich anstecken lassen von der allgemeinen Meinung, dass es eine schreckliche und eigentlich peinliche Sache sei, einen Mann – also auch Glück – zu suchen, anstatt es per Zufall auf dem silbernen Tablett serviert zu kriegen.

»Oh, bin ich froh, dass ich meinen gefunden habe«, sagen viele Freundinnen und meinen damit, dass sie sich glücklich schätzen, nicht mehr mit Herausforderungen, Neugier, Ungewissheiten und so weiter konfrontiert zu werden, da alles bis zum Grab geregelt scheint.

Ich empfinde das aber gar nicht so. Im Gegenteil, ich merke, dass es eine Offenheit gibt, die auf der Überzeugung basiert, dass es spannend, lehrreich und emotionell stabilisierend ist, sich immer wieder neuen Menschen zu nähern, dass das eine sehr vitalisierende Quelle ist.

Der Lebensfluss ist viel aktiver, das Rätselhafte am Menschen wird mir viel stärker bewusst, natürlich auch an mir selbst. Und das führt zu einer größeren Milde und Toleranz anderen gegenüber. Vor allem, wenn ich mich mit Fremden treffe, die ich mir ausgesucht habe. Denn ich bemühe mich dann, etwas Gutes in meinem Gegenüber zu sehen. Schon allein deshalb, weil ich selbst nicht als komplette Idiotin, die den ganzen Aufwand völlig umsonst gemacht hat, dastehen will. Also, Milde aus Selbstschutz oder Rechtfertigung. Warum nicht?

Ich merke auch, wie ich einen gewissen Zynismus verloren habe, und ja, ich muss es wohl zugeben, eine gewisse Überheblichkeit. Es waren so viele liebenswerte, gutgläubige, herzliche, ehrliche, bodenständige Männer darunter, dass ich irgendwie kein Recht habe, mich über sie lustig zu machen.

Na ja, jedenfalls nicht über alle!

Vielleicht ist bei manchen Menschen der Drang nach draußen und der Wunsch nach Experimenten einfach größer. Die Preise für all die verschiedenen Lebensformen sind allerdings auf einer Ebene gleich teuer, denn Sonderangebote und *one size fits all*, also einen, der für alle passt, gibt es nicht wirklich.

Die Entscheidung ist lediglich, welchen Preis man gern zahlt, ohne im späteren Leben daran zu zerbrechen.

Tradition oder Abenteuer? Das ist meistens die Frage. Man kann sicherlich beides in manchen Lebensstrecken verbinden und damit glücklich werden. Doch worum geht es denn letztendlich? Die Hoffnung auf immerwährendes Glück oder dem, was wir darunter verstehen, ist eine Illusion.

Ja, Glück ist eine persönliche Interpretation, kein harter, unbeweglicher Fakt.

Das Leben ist die Reise, aber das Ziel ändert sich manchmal, während wir reisen. Was wir nie aus dem Blickwinkel verlieren sollten, ist der persönliche Weg der Wahl. Auf ihm zu bleiben ist nicht immer leicht, denn die Verführungen in allen möglichen schicken und sexy Kostümierungen lauern überall.

Niemand hat es besser gesagt als John Lennon, der ja vieles besser gesagt hat als irgendjemand sonst auf der Welt: »Life is what happens to you while you're busy making other plans.«

Das Leben ist mein Plan, nicht die Pläne. Das süße, bittere, mysteriöse, schmerzliche, schwierige, unberechenbare, schöne Leben.

»Mit ohne Mann«, sagte meine kleine Cousine in ihrer herrlichen Kindergrammatik. Ein perfekter Ausdruck für das Gefühl zwischen Wunsch und Realität, das unser aller Ambivalenz spiegelt.

Mit oder ohne – es ist, wie es ist.

Es geht um Wünsche und Begierden und die fixe Idee davon, was man zu brauchen hat, obwohl dem keinesfalls unbedingt so ist.

Ich habe zu dem Thema die sehr überzeugende Philosophie eines indischen Swamis entdeckt und gleich so begeistert adoptiert wie eine Mutter ihr schwer erkämpftes Kind aus der Dritten Welt: »Wenn es nicht in deinem Leben ist, dann brauchst du es auch nicht.«

Liebe aber braucht man immer, deshalb ist die Toleranzschwelle für schädliche Konflikte für mich sehr nach unten gerutscht. Herz gibt es nur, wenn der Schmerz draußen gehalten werden kann!

Denn das ist oder sollte das Schöne im Alter sein: Schmerzfreie Liebe, die frei, tolerant und authentisch ist und sich nicht wie eine Schnur um den Hals wickelt.

Wenn ich mich einst als Cowgirl mit Lasso gesehen habe, das Männer und Menschen einfängt und fesselt, um sie genauer betrachten und beherrschen zu können, dann ist mir längst klar geworden, dass das nicht gehen wird.

Wir haben inzwischen alle in irgendeiner Beziehung genug geredet, geschwiegen, Kompromisse geschlossen, geweint, gebettelt, gewartet, gehofft und gemerkt, dass das alles nichts genützt hat.

Keiner lebt dein Leben für dich und holt dir die Kohlen aus dem Feuer oder die Sterne vom Himmel. Nicht deine Kinder, nicht dein Mann, nicht deine Eltern oder der Boss. Das Bekenntnis zur alleinigen Verantwortung für das eigene Leben ist der ultimative Akt des Erwachsenseins.

Dabei hilft der kleine Abschied vom Mann als Idol, als Autorität, als Vaterfigur und mächtiger Mythos. Das erfrischt und befreit. Und man reduziert die Männer – das kann man auch sehr warmherzig machen – ganz einfach auf das, was sie sind: Menschen, die nicht großartiger – aber auch nicht schlechter – sind als wir und die nicht alles für uns Frauen zu sein brauchen.

Je weniger wir jemanden brauchen, um uns interessant, wichtig, liebenswert und komplett zu fühlen, desto freier und freundschaftlicher benehmen wir uns. Und das ist natürlich auch sehr attraktiv für Männer jeden Alters.

Manchmal glaube ich, Männer doch gut zu kennen. Sie sind dünnhäutiger, sensibler, unsicherer, liebesbedürftiger, konfliktgeschüttelter, als wir glauben – eigentlich ganz liebe Jungs. Dann wird all das wieder infrage gestellt.

Ja, wie sind sie nun, die Männer?

»Es gibt solche und solche«, sagte schon meine Oma, die bereits 1910, als sie eine junge Frau war, mit dem Rätsel Mann konfrontiert wurde. Nur damals sprach man das nicht an, machte sich keine Gedanken darüber, weil eine Frau sowieso immer unrecht hatte.

Mag sein, dass ich Männer besser verstehe als noch vor zehn oder zwanzig Jahren. Aber das reicht sicherlich niemals, um das Mysterium Mann wirklich zu lösen. Was ich ja auch nicht muss. Wozu auch?

Wichtiger ist, dass diese langjährigen Erfahrungen mit Männern mir letztendlich Abstand, Humor und etwas Verständnis beschert haben. Ich sehe Männer mit neuen Augen. Nicht unbedingt mit weniger kritischen, nein, ihre, unser aller Schwächen sind unübersehbar da, aber sie erscheinen mir trotzdem menschlicher, freundlicher, amüsanter – und vor allem völlig unbedrohlich.

Ich akzeptiere sie, finde sie völlig in Ordnung und verstehe vor allem endlich auch, dass es Männern nicht viel anders ergeht als uns Frauen. Sie sind einfach auch meine Generationskumpane und Lebensgenossen, denen die wechselnden Zeichen der Zeit selber oft mehr zu schaffen gemacht haben als mir selbst und den anderen Frauen.

Heute, als emotional ziemlich gefestigte Person, ist es mir sowieso ein bisschen egal geworden, wer wen versteht oder nicht. Meine Aufmerksamkeit hat sich vielmehr mir selbst zugewandt, hoffentlich ohne dass ich zu einer unausstehlichen Narzisstin geworden bin. Ich ringe um ein Verständnis für mich selbst.

Irgendwann wird sowieso die Reise durchs Leben mehr eine Reise durch das Selbst, die in jedem Fall die Suche nach dem Mann ersetzen sollte. Die Stationen sind so viel interessanter als ein großer Teil dessen, was gerade in der Außenwelt passiert. Reflexion wird zum größten Hobby.

Denn das andere Geschlecht, auch in der Form eines festen Lebenspartners, kann nur Spiegelung oder manchmal Ergänzung sein. Und kann natürlich Nähe und Intimität bedeuten. Sex ist wunderbar, aber es geht eigentlich darum, seine Leidenschaft und sein Begehren in etwas umzusetzen, das wärmt und leuchtet, nicht verzehrt und dann erlischt.

Das muss genügen.

Es wird immer Menschen geben, für die die Suche spannender ist als das Finden (oder der Gefundene). Vielleicht kommen die Jahre, in denen sich viele von uns ganz aus den Bemühungen um Partner, Zeitvertreiber und Träume heraushalten und einfach Single sind und bleiben. Und vielleicht sogar jeden Tag denken: »Vielen Dank für mein leeres Bett.«

Vielleicht auch nicht. Nur Bitterkeit sollte in diesem Leben keinen Platz haben.

Vielleicht bleibe ich Junggesellin – ein hübsches altmodisches Wort, das einzige nicht frauenfeindliche in dem ganzen Vokabular rund um die Singles.

Jung kommt darin vor und Gesellin, was wiederum »gesellig« in sich hat. Gesellen sind außerdem Menschen, die in der Ausbildung stehen, auch das ist ein guter Vergleich.

Die Junggesellin ist eine gesellige, jung gebliebene Frau, die neugierig geblieben ist und immer noch in der Lebensausbildung steckt.

»Was willst du denn?«, sagt Sarah. »Du hast innerhalb von zehn Monaten mehr Dates gehabt als wir alle, bist geküsst und bewundert worden, bist gereist, hast geflirtet und Sex gehabt. Gibt Schlimmeres.«

Und Philipp hat auch wieder angerufen. Allerdings rauchte er am Telefon …